编 委 会

高职高专项目导向系列教材

S7-200PLC 控制系统的构成与调试

金　沙　主编
郑子仙　副主编
刘玉梅　主审

化学工业出版社
·北京·

本书以 S7-200 可编程控制器为对象，基于项目导向、任务驱动的理念，从电气控制工程应用出发，引入企业典型工作案例，主要介绍可编程控制器的选型、安装接线、编程软件 STEP7-Micro/WIN 的操作、基本指令和功能指令的应用、网络通信的设计与安装等内容。

本书可作为高职高专电气自动化技术、机电一体化技术、生产过程自动化技术和计算机应用技术专业 PLC 课程教材，也可供中、高级电工阅读。

图书在版编目（CIP）数据

S7-200PLC 控制系统的构成与调试 / 金沙主编. —北京：化学工业出版社，2012.8
高职高专项目导向系列教材
ISBN 978-7-122-14888-9

Ⅰ. ①S… Ⅱ. ①金… Ⅲ. ①PLC 技术-高等职业教育-教材 Ⅳ. ①TM571.6

中国版本图书馆 CIP 数据核字（2012）第 161866 号

责任编辑：廉 静　　文字编辑：徐卿华
责任校对：徐贞珍　　装帧设计：刘丽华

出版发行：化学工业出版社（北京市东城区青年湖南街 13 号 邮政编码 100011）
印　　装：三河市延风印装厂
787mm×1092mm 1/16 印张 6½ 字数 140 千字 2012 年 10 月北京第 1 版第 1 次印刷

购书咨询：010-64518888（传真：010-64519686） 售后服务：010-64518899
网　　址：http: // www. cip. com. cn
凡购买本书，如有缺损质量问题，本社销售中心负责调换。

定　　价：20.00 元

序

辽宁石化职业技术学院是于2002年经辽宁省政府审批，辽宁省教育厅与中国石油锦州石化公司联合创办的与石化产业紧密对接的独立高职院校，2010年被确定为首批“国家骨干高职立项建设学校”。多年来，学院深入探索教育教学改革，不断创新人才培养模式。

2007年，以于雷教授《高等职业教育工学结合人才培养模式理论与实践》报告为引领，学院正式启动工学结合教学改革，评选出10名工学结合教学改革能手，奠定了项目化教材建设的人才基础。

2008年，制定7个专业工学结合人才培养方案，确立21门工学结合改革课程，建设13门特色校本教材，完成了项目化教材建设的初步探索。

2009年，伴随辽宁省示范校建设，依托校企合作体制机制优势，多元化投资建成特色产学研实训基地，提供了项目化教材内容实施的环境保障。

2010年，以戴士弘教授《高职课程的能力本位项目化改造》报告为切入点，广大教师进一步解放思想、更新观念，全面进行项目化课程改造，确立了项目化教材建设的指导理念。

2011年，围绕国家骨干校建设，学院聘请李学锋教授对教师系统培训“基于工作过程系统化的高职课程开发理论”，校企专家共同构建工学结合课程体系，骨干校各重点建设专业分别形成了符合各自实际、突出各自特色的人才培养模式，并全面开展专业核心课程和带动课程的项目导向教材建设工作。

学院整体规划建设的“项目导向系列教材”包括骨干校5个重点建设专业（石油化工生产技术、炼油技术、化工设备维修技术、生产过程自动化技术、工业分析与检验）的专业标准与课程标准，以及52门课程的项目导向教材。该系列教材体现了当前高等职业教育先进的教育理念，具体体现在以下几点：

在整体设计上，摈弃了学科本位的学术理论中心设计，采用了社会本位的岗位工作任务流程中心设计，保证了教材的职业性；

在内容编排上，以对行业、企业、岗位的调研为基础，以对职业岗位群的责任、任务、工作流程分析为依据，以实际操作的工作任务为载体组织内容，增加了社会需要的新工艺、新技术、新规范、新理念，保证了教材的实用性；

在教学实施上，以学生的能力发展为本位，以实训条件和网络课程资源为手段，融教、学、做为一体，实现了基础理论、职业素质、操作能力同步，保证了教材的有效性；

在课堂评价上，着重过程性评价，弱化终结性评价，把评价作为提升再学习效能的反馈工具，保证了教材的科学性。

目前，该系列校本教材经过校内应用已收到了满意的教学效果，并已应用到企业员工培训工作中，受到了企业工程技术人员的高度评价，希望能够正式出版。根据他们的建议及实际使用效果，学院组织任课教师、企业专家和出版社编辑，对教材内容和形式再次进行了论证、修改和完善，予以整体立项出版，既是对我院几年来教育教学改革成果的一次总结，也希望能够对兄弟院校的教学改革和行业企业的员工培训有所助益。

感谢长期以来关心和支持我院教育教学改革的各位专家与同仁，感谢全体教职员工的辛勤工作，感谢化学工业出版社的大力支持。欢迎大家对我们的教学改革和本次出版的系列教材提出宝贵意见，以便持续改进。

辽宁石化职业技术学院　院长

2012 年春于锦州

前言

随着电子技术和计算机技术的发展，PLC（可编程控制器）控制已经成为自动化生产的主要控制方式，在工业生产中得到广泛应用。熟悉和掌握PLC应用技术，是当今电气岗位员工的必备技能。

本书以西门子S7-200小型PLC为对象，以电气岗位所必备的PLC知识与技能为依据，从工程应用角度出发，引入企业典型工作案例，按照"贴近岗位，突出技能，知识够用为度"的原则，在总结多年项目化教学工作的基础上编写而成。

本书以电气岗位为背景，设计了学习情境及其工作任务，每个任务由"任务描述、知识链接、相关案例、实施与考核"四部分构成，基本涵盖了电气岗位从事PLC安装、运行和维护工作的典型工作。

本书金沙任主编，郑子仙任副主编，金沙编写了学习情境一～学习情境四，郑子仙、焦文玉、刘彬、朱彬、冯晓玲、吕丽华参与了部分章节的编写工作。本书由刘玉梅主审，在此表示衷心的感谢。

在本书编写过程中，得到有关企业的大力支持，编者也参考了一些书刊杂志，并引用了部分资料，在此一并表示感谢。

编　者

2012年1月

目录

学习情境一

运输小车的电气设计、安装和调试

【情境描述】 运输小车在工业生产中用于材料的搬运，它由三相异步电动机驱动，通过按钮和限位开关实现自动往返运动，图 1-1 为运输小车工作示意图。

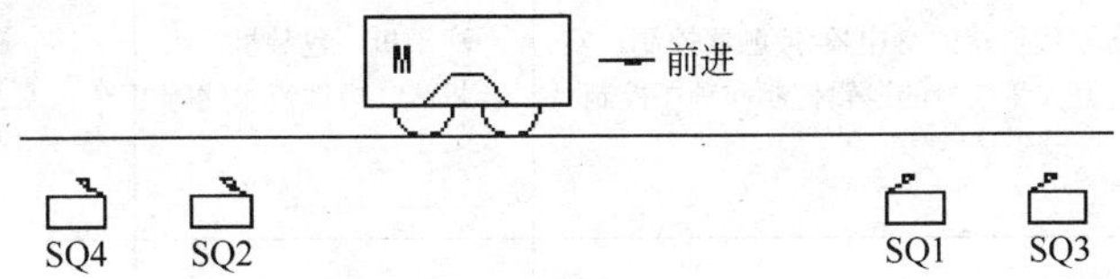

图 1-1　运输小车工作示意图

（1）运输小车电气控制系统的工作要求

① 小车由电机 M 驱动，通过操作按钮可控制小车的正向运行和停止、反向运行和停止。

② 通过行程开关 SQ1 和 SQ2 控制，可实现小车的自动往复运行。

③ 小车设有电源指示灯、运行指示灯、过载、短路和限位安全保护。

电气控制系统采用 S7-200 型可编程控制器控制，电机 M 型号为 Y2-112M-2（4kW，8.1A，2890r/min，△接）。

（2）学习过程中需要完成的工作任务

① 按照运输小车电气控制系统的工作要求，选择满足控制要求的 S7-200 型号。

② 绘制控制电路图，运用 S7-200 基本指令，进行程序设计。

③ 根据电工工艺要求和 S7-200 安装接线要求，按照电路图，进行电气控制系统的安装、布线和接线。

④ 按照运输小车电气控制系统的工作要求，模拟运行运输小车，并通过编程软件监控小车的运行情况。

任务一　运输小车电气控制系统 S7-200 选型

【任务描述】

运输小车电气控制系统采用 S7-200 控制，根据运输小车电气控制系统的工作要求并结合运输小车工作示意图，设计控制系统电路、统计所需的电气元件类型和数量，据此选择 S7-200 型号，并按照 PLC 选型标准对结果进行检验。

【知识链接】

一、PLC 功能介绍

可编程控制器（Programmable Controller）简称 PLC。国际电工委员会（IEC）1987 年颁

布的 PLC 标准作了如下定义："PLC 是一种专门为在工业环境下应用而设计的数字运算操作的电子装置。它采用可以编制程序的存储器，用来在其内部存储执行逻辑运算、顺序运算、计时、计数和算术运算等操作的指令，并能通过数字式或模拟式的输入和输出，控制各种类型的机械或生产过程。PLC 及其有关的外围设备都应按照易于与工业控制系统形成一个整体，易于扩展其功能的原则而设计。"

PLC 的应用领域十分广泛，在钢铁、石油、化工、电力、机械制造、汽车、轻纺和交通运输等行业都有广泛的应用，PLC 的主要功能见表 1-1。

表 1-1　PLC 主要功能

功　能	功 能 说 明	应 用 领 域	
开关量的逻辑控制	它取代传统的继电器-接触器控制，实现对开关量信号的逻辑控制和顺序控制	注塑机、包装机、组合机床、电镀流水线等	
模拟量控制	对温度、压力、流量等信号的控制	冶金、化工、热处理、锅炉等	
伺服系统控制	通过 PLC 外接控制模块，实现对伺服系统运动信号的准确采集和精确控制	数控机床、机器人和自动化生产线等	
数据处理	数据分析和处理功能，满足复杂控制系统的要求	数学运算、数据传送、数据转换、排序、查表等	
网络通信	PLC 与计算机之间、多个 PLC 之间、PLC 与其他智能设备间的通信	工厂自动化生产、运行监控、数据记录等	

二、S7-200 产品型号和技术参数

德国西门子公司（SIEMENS）是世界上生产 PLC 的主要厂家之一，生产多种系列的 PLC，目前有 S7、M7 和 C7 三个系列。其 S7 系列 PLC 包括大型 S7-400、中型 S7-300 和小型 S7-200 三个子系列。

1．S7-200 PLC 的产品型号

S7-200 PLC 由基本模块和扩展模块组成。基本模块用于控制电气设备的工作，由 CUP、存储器、电源、输入/输出电路和通信接口等部分组成，可独立工作。表 1-2 为基本模块型号表。

表 1-2　S7-200PLC 基本模块型号

模块名称	产品图样	产品描述
CPU221	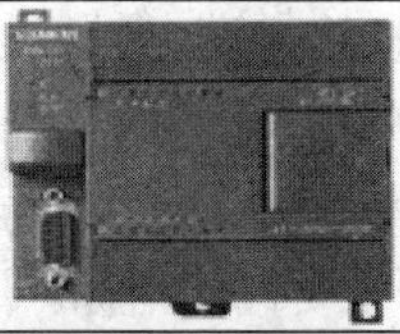	DC/DC/DC；6 点输入/4 点输出
		AC/DC/继电器；6 点输入/4 点输出
CPU222	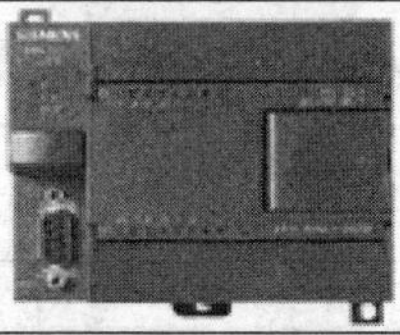	DC/DC/DC；8 点输入/6 点输出
		AC/DC/继电器；8 点输入/6 点输出
CPU224		DC/DC/DC；14 点输入/10 点输出
		AC/DC/继电器；14 点输入/10 点输出
CPU224XP		DC/DC/DC；14 点输入/10 点输出；2 输入/1 输出，共 3 个模拟量 I/O 点
		AC/DC/继电器；14 点输入/10 点输出；2 输入/1 输出，共 3 个模拟量 I/O 点
CPU226		DC/DC/DC；24 点输入/16 点晶体管输出
		AC/DC/继电器；24 点输入/16 点输出

S7-200 PLC 的开关量扩展模块用于增加 I/O 点数量，由输入/输出电路、扩展接口等部分组成，它不能独立工作。表 1-3 为 S7-200 开关量扩展模块型号表。

表 1-3　S7-200 开关量扩展模块型号

模块名称	产品图样	产品描述
EM221		8 点输入 24V(DC)
		8 点输入 120/230V(AC)
		16 点输入 24V(DC)
EM222		4 点输出，24V(DC)
		4 点输出，继电器
		8 点输出，24V(DC)
		8 点输出，继电器
		8 点输出，120/230V(AC)

续表

模块名称	产品图样	产品描述
EM224		4 点输入，24V(DC)；4 点输出，24V(DC)
		4 点输入，24V(DC)；4 点输出，继电器
		8 点输入，24V(DC)；8 点输出，24V(DC)
		8 点输入，24V(DC)；8 点输出，继电器
		16 点输入，24V(DC)；16 点输出，24V(DC)
		16 点输入，24V(DC)；16 点输出，继电器

2．S7-200 技术参数

S7-200 的技术参数直接反映其性能，是设备选型的重要依据，表 1-4 为 S7-200 基本模块和开关量扩展模块技术规范，表 1-5 为 S7-200 基本模块的主要性能指标。

表 1-4　S7-200 基本模块和开关量扩展模块技术规范

模块名称	电源	开关量输入	开关量输出	功耗	电流供应	
					+5 VDC	+24 VDC
CPU221 DC/DC/DC	24 VDC	6×24VDC	4×24VDC	3W	0mA	180 mA
CPU221 AC/DC/继电器	120～240VAC	6×24VDC	4×继电器	6W	0mA	180 mA
CPU222 DC/DC/DC	24 VDC	8×24VDC	6×24VDC	5W	340mA	180 mA
CPU222 AC/DC/继电器	120～240VAC	8×24VDC	6×继电器	7W	340mA	180 mA
CPU224 DC/DC/DC	24 VDC	14×24VDC	10×24VDC	7W	660mA	280 mA
CPU224 AC/DC/继电器	120～240VAC	14×24VDC	10×继电器	10W	660mA	280 mA
CPU224XP DC/DC/DC	24 VDC	14×24VDC	10×24VDC	8W	660mA	280 mA
CPU224XP AC/DC/继电器	120～240VAC	14×24VDC	10×继电器	11W	660mA	280 mA
CPU226 DC/DC/DC	24 VDC	24×24VDC	16×24VDC	11W	1000mA	400 mA
CPU226 AC/DC/继电器	120～240VAC	24×24VDC	16×继电器	17W	1000mA	400 mA
EM221 DI8×24VDC		8×24VDC		2W	30mA	4mA 入
EM221 DI8×120/230VAC		8×120/230VAC		3W	30mA	
EM222 DO8×24VDC			8×24VDC	2W	50mA	
EM222 DO8×继电器			8×继电器	2W	40mA	9mA 出
EM223 24VDC16 入/16 出		16×24VDC	16×24VDC	6W	160mA	4mA
EM223 24VDC16 入/16 继电器		16×24VDC	16×继电器	6W	150mA	9/4mA

表 1-5　S7-200 基本模块的主要性能指标

项目		CPU221	CPU222	CPU224	CPU224XP	CPU226
程序内存		4096 字节	4096 字节	8192 字节	12288 字节	16384 字节
数据内存		2048 字节	2048 字节	8192 字节	10240 字节	10240 字节
掉电保持	超级电容	50h/典型值		100h/典型值		
	可选电池	200 天/典型值				
开关量 I/O 数量		6 输入/4 输出	8 输入/6 输出	14 输入/10 输出	24 输入/16 输出	24 输入/16 输出
模拟量 I/O 数量					2 输入/1 输出	
开关量 I/O 映像寄存器		256 位(128 输入/128 输出)				
最多扩展 I/O 模块数		无	2 个模块	7 个模块	7 个模块	7 个模块
高速计数器总数	单向	4 个 30kHz	4 个 30kHz	6 个 30kHz	4 个 30kHz 2 个 200kHz	6 个 30kHz
	双向	2 个 20kHz	2 个 20kHz	4 个 20kHz	3 个 20kHz 1 个 100kHz	4 个 20kHz
脉冲输出		2 个 20kHz（DC 输出）			2 个 100kHz(DC)	2 个 20kHz(DC)
模拟调整电位器		1 个	1 个	2 个	2 个	2 个
通信接口		1 个 RS-485 接口	1 个 RS-485 接口	1 个 RS-485 接口	2 个 RS-485 接口	2 个 RS-485 接口
逻辑指令执行速度		0.37μs/指令				

三、S7-200 开关量输入点选择

S7-200 开关量输入点是 PLC 与现场信号连接的接口，用来接收来自生产设备的控制信号和检测信号。

1．S7-200 开关量输入点数量和类型选择要点

选择 S7-200 开关量输入点数量应满足以下关系：

开关量输入点数=实际输入点数×120%（20%的备用量）；

S7-200 开关量类型选择应保证外部输入信号电源类型与 S7-200 开关量输入点电源类型一致。

应用举例：TPX6111B镗床电气控制系统的电器输入元件见表 1-6，选择满足输入点要求的 S7-200 型号。

表 1-6 TPX6111B镗床电器输入元件表

符 号	功 能	型 号	数量	电压
SB2	M1 启动按钮	NP2-BA31	2	
SB1	M1 停止按钮	NP2-BA42	2	
FR1	M1 热继电器	JRS1-09-10/Z	1	
FR2	M2 热继电器	JRS1-09-25/Z	1	
SA1	M2 转换开关	NP2-AA21	1	
SB3	M3 点动按钮	NP2-BA21	2	
SP1、SP2	限位接近开关	NBB20-U1-E2	4	24VDC（NPN）

由表 1-6 知,输入元件总数量等于 13，限位接近开关需 24V 直流电源。

根据表 1-4、表 1-7 和 S7-200 开关量输入选择要点，选择输入点数量为 16、输入电压为 24VDC 的 S7-200，可满足输入要求。故 S7-200 型号为：

CPU222 DC/DC/DC	EM221 DI8×24VDC	或	CPU222 AC/DC/继电器	EM221 DI8×24VDC

2．S7-200 开关量输入点规范

S7-200 基本模块输入技术规范见表 1-7。开关量扩展模块的输入信号有直流和交流两种类型，S7-200 开关量输入扩展模块技术规范见表 1-8。

表 1-7 S7-200 开关量输入主要技术规范

项 目		技 术 规 范
额定电压及电流		24V(DC)，4mA 典型值
允许最大持续电压		30 V(DC)
逻辑 1 信号（最小）		15 V(DC)，2.5mA
逻辑 0 信号（最大）		5 V(DC)，1 mA
输入延迟		可选择（0.2～12.8ms）
电缆长度（最大）	屏蔽	500m
	非屏蔽	300m

表 1-8 S7-200 开关量输入扩展模块技术规范

项 目	技 术 规 范	
开关量输入信号类型	直流输入（24V，DC）	交流输入[120/230V(AC)，47～63Hz]
额定电压及电流	24V(DC)，4mA	120V(AC)，6mA 或 230V(AC)，9mA（通常）
允许最大持续电压	30V(DC)	264V(AC)

续表

项　目		技术规范	
逻辑 1 信号（最小）		15V(DC)，2.5mA	79V(AC)，2.5mA
逻辑 0 信号（最大）		5V(DC)，1mA	20V(AC)，1mA
输入延迟		4.5ms	15ms
电缆长度（最大）	屏蔽	500m	
	非屏蔽	150m	

四、S7-200 开关量输出点选择

1．S7-200 开关量输出点数量和类型选择要点

选择 S7-200 开关量输出点数量应满足以下关系：

开关量输出点数=实际输出点数×120%（20%的备用量）；

S7-200 开关量类型选择应保证外部输出负载电源类型与 S7-200 开关量输出点电源类型一致；S7-200 开关量输出点驱动能力≥外部负载容量。

应用举例：TPX6111B镗床电气控制系统电器输出元件见表 1-9，选择满足输出点要求的 S7-200 型号。

表 1-9　TPX6111B镗床电器输出元件表

符号	功　能	型号	数量	电压	功耗
KM1	M1 接触器	CJX2-32	1	220VAC	20V・A
KM2	M2 接触器	CJX2-25	1	220VAC	20V・A
KM3	M3 接触器	CJX2-09	1	220VAC	20V・A
HL1	电源指示灯	YT702-D	1	12VDC	5W
HL2	运行指示灯	YT702-D	1	12VDC	5W

由表 1-9 知,输出元件总数量等于 5，三个接触器电压需要 220V 交流电源，每个接触器容量为 20V・A，指示灯需要 12V 直流电源，每个指示灯容量为 5W。

根据表 1-4 和 S7-200 开关量输出选择要点，选择输出点数量为 6，继电器输出（适用交直流电压）的 S7-200，即可满足输出要求。故 S7-200 型号为：

CPU222 AC/DC /继电器	EM221 DI8×24VDC

2．S7-200 开关量输出点规范

S7-200 开关量输出点分为继电器型、晶体管型和双向晶闸管型三种输出电路。其中继电器输出电路适用交流或直流负载，但响应速度慢；晶体管输出电路适用直流负载，响应速度快；双向晶闸管输出电路适用交流负载，响应速度快。

S7-200 基本模块输出技术规范见表 1-10。当使用开关量扩展模块继电器输出时，需要外接直流 24V 电源供继电器线圈正常工作，S7-200 开关量输出扩展模块技术规范见表 1-11。

表 1-10　S7-200 开关量输出主要技术规范

项　目	技术规范	
输出类型	晶体管输出（24V，DC）	继电器
额定电压	24 V（DC）	24 V（DC）或 250 V（AC）
电压范围	20.4～28.8V（DC）	5～30 V（DC）或 5～250 V（AC）
逻辑 1（最小）	20V（DC），最大电流	
逻辑 0（最大）	0.1V（DC），10kΩ 负载	

续表

项　　目		技 术 规 范	
接点额定电流（最大）		0.75A	2.0A
每个公共端的额定电流（最大）		6A	10A
漏电流（最大）		10μA	
灯负载（最大）		5W（DC）	30W （DC）；200W（AC）
电阻负载		0.3Ω 典型（最大 0.6Ω）	0.2Ω（最大值）
脉冲频率（最大）		20kHz（Q0.0 和 Q0.1）	1Hz
机械寿命周期			10,000,000（无负载）
触点寿命			100,000（额定负载）
电缆长度（最大）	屏蔽	500m	
	非屏蔽	300m	

表 1-11　S7-200 开关量输出扩展模块技术规范

项　　目		技 术 规 范				
输出类型		晶体管输出		继电器输出		双向晶闸管输出
额定电压		24V（DC）		24V（DC）或 250V（AC）		120/230V（AC）
电压范围		20.4～28.8V（DC）		5～30V（DC） 或 5～250V（AC）	12～30V（DC） 或 12～250V（AC）	40～264V（AC） （47～63Hz）
24VDC 线圈电源电压范围				20.4～28.8V（DC）		
接点额定电流（最大）		0.75A	5μA	2.00A	10A（阻性）； 2A（DC）（感性）； 3A（AC）（感性）	0.5A（AC）
每个公共端的额定电流（最大）		6A	5μA	8A	10A	0.5A（AC）
漏电流（最大）		10μA	30μA			AC132V 时 1.1mA/ms AC264V 时 1.8mA/ms
负载（最大）		5W	50W	30W（DC） 200W（AC）	100W（DC） 1000W（AC）	60W
电阻负载		0.3Ω 典型	0.05Ω 最小	0.2Ω 最小	0.1Ω 最小	410Ω 最大
脉冲频率（最大）				1Hz		10Hz
机械寿命周期				10,000,000 （无负载）	30,000,000 （无负载）	
触点寿命				100,000 （额定负载）	30,000 （额定负载）	
电缆长度（最大）	屏蔽	500m				
	非屏蔽	150m				

【相关案例】

自行车圈电镀生产线由若干个电镀槽组成，工件由装有可升降吊钩的行车带动，经过电镀、镀液回收、清洗等工序，实现对工件的电镀。三槽自行车圈电镀生产过程如图 1-2 所示。

自行车圈电镀工艺要求如下：工件放入电镀槽中，电镀 50min 后提起，停放 30s，让镀液从工件上流回镀槽，然后工件放入回收液槽中浸泡 30s，提起后停 15s，接着放入清水槽中清洗 30s，最后提起停 15s 后，行车返回原位。

自行车圈电镀生产线，电气控制系统要求如下：行车驱动电机 M1 正反转运行，实现行车的前进和后退；吊钩驱动电机 M2 正反转运行，实现吊钩的升降；通过启动和停止按钮能够自动完成工件的电镀；通过点动操作能够手动完成工件的电镀；设有行车和吊钩“原位”

指示灯和工作指示灯；必要的保护和安全措施。其中电机 M1 型号为 Y90S-6（0.75kW，2.3A，910r/min，Y 接），电机 M2 型号为 Y132M-8（3kW，7.7A，710r/min，Y 接）。

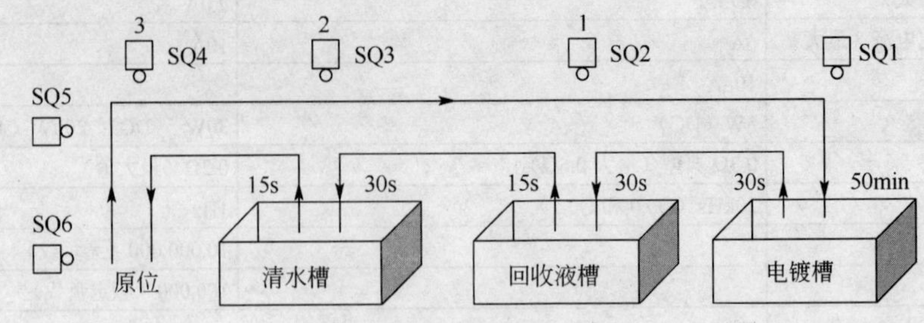

图 1-2 电镀生产线示意图

根据自行车圈电镀工艺要求及其电气控制系统要求，设计控制电路，选择 S7-200 型号。

1．绘制电路图和编写电气元件表

分析工作要求，绘制主电路图，如图 1-3 所示；根据电气控制要求和主电路，得到相关电气元件表，见表 1-12。

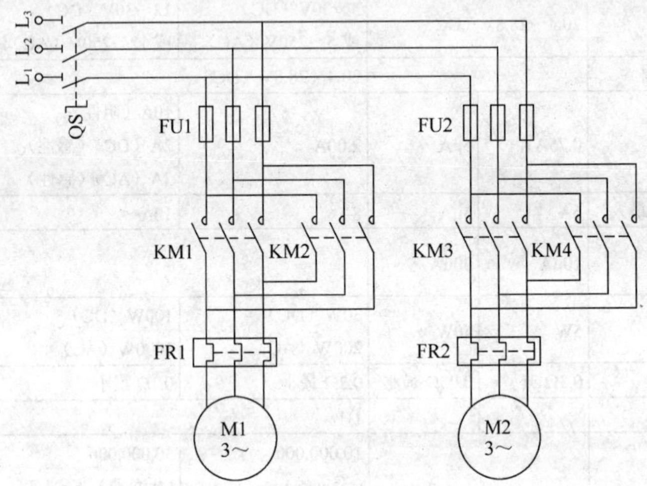

图 1-3 行车和吊钩电气控制主电路

2．统计电气元件的类型和数量

统计电气元件数量，对电镀生产线电气控制系统使用的 S7-200 进行选型。将选型结果填入表 1-12。

3．选择 S7-200 并校验

对选出的 S7-200，参照 S7-200 开关量输入/输出选择要点，进行校验，判断 S7-200 选型是否满足要求。

表 1-12 电镀生产线电气控制系统 S7-200 选型

步序	说明		元件表					
			符号	名称	型号	数量	电压	功耗
1	控制要求	主电路要求（见图 1-3）	KM1, KM2	交流接触器	CJX2-09	2	220VAC	8V・A
			KM3, KM4	交流接触器	CJX2-18	2	220VAC	8V・A
			FR1	热继电器	JRS1-09-25/Z	1		
			FR2	热继电器	JRS1-09-25/Z	1		

续表

<table>
<tr><th rowspan="2">步序</th><th rowspan="2" colspan="2">说　明</th><th colspan="6">元 件 表</th></tr>
<tr><th>符　号</th><th>名　称</th><th>型　号</th><th>数量</th><th>电压</th><th>功耗</th></tr>
<tr><td rowspan="17">1</td><td rowspan="17">控制要求</td><td rowspan="2">信号要求</td><td>HL1</td><td>原位灯</td><td>ND16-22A/2</td><td>1</td><td>12VDC</td><td>20mA</td></tr>
<tr><td>HL2</td><td>运行灯</td><td>ND16-22A/2</td><td>1</td><td>12VDC</td><td>20mA</td></tr>
<tr><td rowspan="7">操作要求</td><td>SB1</td><td>停止按钮</td><td>NP2-BL42</td><td>1</td><td></td><td></td></tr>
<tr><td>SB2</td><td>启动按钮</td><td>NP2-BL31</td><td>1</td><td></td><td></td></tr>
<tr><td>SB3</td><td>吊钩提升</td><td>NP2-BL15</td><td>1</td><td></td><td></td></tr>
<tr><td>SB4</td><td>吊钩下降</td><td>NP2-BL21</td><td>1</td><td></td><td></td></tr>
<tr><td>SB5</td><td>行车前进</td><td>NP2-BL55</td><td>1</td><td></td><td></td></tr>
<tr><td>SB6</td><td>行车后退</td><td>NP2-BL65</td><td>1</td><td></td><td></td></tr>
<tr><td>SA</td><td>A/M 转换开关</td><td>NP2-BD21</td><td>1</td><td></td><td></td></tr>
<tr><td rowspan="6">动作要求</td><td>SQ1</td><td>行车限位（前进）</td><td>YBLX-19/121</td><td>1</td><td></td><td></td></tr>
<tr><td>SQ2</td><td>行车限位（后退）</td><td>YBLX-19/121</td><td>1</td><td></td><td></td></tr>
<tr><td>SQ3</td><td>行车限位（后退）</td><td>YBLX-19/121</td><td>1</td><td></td><td></td></tr>
<tr><td>SQ4</td><td>行车限位（后退）</td><td>YBLX-19/121</td><td>1</td><td></td><td></td></tr>
<tr><td>SQ5</td><td>吊钩限位（提升）</td><td>YBLX-19/121</td><td>1</td><td></td><td></td></tr>
<tr><td>SQ6</td><td>吊钩限位（下降）</td><td>YBLX-19/121</td><td>1</td><td></td><td></td></tr>
<tr><td>2</td><td colspan="2">元件统计（I/Q）</td><td></td><td></td><td></td><td>15I/6Q</td><td></td><td></td></tr>
<tr><td>3</td><td colspan="2">PLC 选型</td><td></td><td>PLC</td><td>CPU224 AC/DC/继电器+EM221 DI8×24VDC</td><td>22I/10Q</td><td></td><td></td></tr>
<tr><td rowspan="4">4</td><td rowspan="4" colspan="2">校验</td><td colspan="6">① 输入点 22≥15×120%；输出点 10≥6×120%</td></tr>
<tr><td colspan="6">② 继电器接点额定电流 2A≥20V・A/220V</td></tr>
<tr><td colspan="6">③ 输入信号为开关，交直流电压均可，选 24VDC</td></tr>
<tr><td colspan="6">④ 继电器输出点可外接 220VAC 和 12VDC 两种类型电源</td></tr>
<tr><td>5</td><td colspan="2">结论</td><td colspan="6">合格</td></tr>
</table>

【实施与考核】

一、任务实施

根据运输小车电气控制系统的工作要求，设计控制电路，选择满足要求的 S7-200 型号，并按照 PLC 选型要求对选出的 S7-200 进行检验。

1．绘制电路图和编写电器元件表

分析工作任务，根据电气控制要求，绘制主电路图；根据绘制的主电路图，填写电气元件表，见表 1-13。

2．统计电气元件的类型和数量

由电气元件表，统计电气元件数量，对运输小车电气控制系统使用的 S7-200 进行选型，并将选型结果填入表 1-13。

3．选择 S7-200 并校验

对选出的 S7-200，参照 S7-200 开关量输入/输出选择要点，进行校验，判断 S7-200 选型是否满足要求。

表 1-13　运输小车电气控制系统 S7-200 选型

<table>
<tr><th rowspan="2">步序</th><th rowspan="2" colspan="2">说　明</th><th colspan="6">元　件　表</th></tr>
<tr><th>符号</th><th>名称</th><th>型号</th><th>数量</th><th>电压</th><th>功耗</th></tr>
<tr><td rowspan="11">1</td><td rowspan="11">控制要求</td><td rowspan="2">主电路要求（见图 1-4）</td><td></td><td></td><td></td><td></td><td></td><td></td></tr>
<tr><td></td><td></td><td></td><td></td><td></td><td></td></tr>
<tr><td rowspan="2">信号要求</td><td></td><td></td><td></td><td></td><td></td><td></td></tr>
<tr><td></td><td></td><td></td><td></td><td></td><td></td></tr>
<tr><td rowspan="3">操作要求</td><td></td><td></td><td></td><td></td><td></td><td></td></tr>
<tr><td></td><td></td><td></td><td></td><td></td><td></td></tr>
<tr><td></td><td></td><td></td><td></td><td></td><td></td></tr>
<tr><td rowspan="4">动作要求</td><td></td><td></td><td></td><td></td><td></td><td></td></tr>
<tr><td></td><td></td><td></td><td></td><td></td><td></td></tr>
<tr><td></td><td></td><td></td><td></td><td></td><td></td></tr>
<tr><td></td><td></td><td></td><td></td><td></td><td></td></tr>
<tr><td>2</td><td colspan="2">元件统计</td><td></td><td></td><td></td><td></td><td></td><td></td></tr>
<tr><td>3</td><td colspan="2">PLC 选型</td><td></td><td></td><td></td><td></td><td></td><td></td></tr>
<tr><td rowspan="4">4</td><td colspan="2" rowspan="4">校验</td><td colspan="6"></td></tr>
<tr><td colspan="6"></td></tr>
<tr><td colspan="6"></td></tr>
<tr><td colspan="6"></td></tr>
<tr><td>5</td><td colspan="2">结论</td><td colspan="6"></td></tr>
</table>

二、考核评价

1．选型验证

对选出的 S7-200 型号，参照 S7-200 开关量输入/输出选择要点，进行校验，判断 S7-200 选型是否满足要求，并将校验内容和结果填入表 1-13。

2．总体评价

工作结束后，对任务实施过程进行总结评价。

任务二　运输小车电气控制系统设计

【任务描述】

根据运输小车电气控制系统的工作要求和电气控制主电路，编写运输小车电气控制系统的 I/O 地址分配表，绘制控制电路图，设计控制程序，并对程序进行分析。

【知识链接】

一、PLC 工作原理

PLC 的工作原理与计算机的工作原理基本一致，可以简单地表述为在系统程序的管理下，通过运行应用程序完成用户任务。但计算机与 PLC 的工作方式有所不同，计算机一般采用等待命令的工作方式，如键盘扫描方式，有键按下则转入相应的子程序。而 PLC 是一种专用机，在确定工作任务，输入了用户程序后，它采用循环扫描方式工作：包括系统工作任务管理及用户程序执行都是循环扫描完成。

（一）PLC 等效电路

如图 1-4 所示，PLC 的等效电路包括三部分：输入电路部分、程序控制电路部分和输出电路部分。

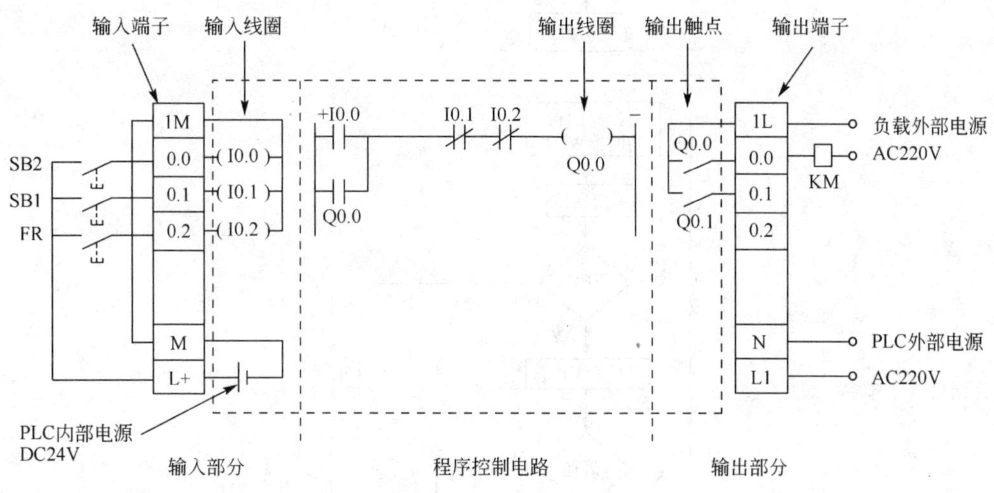

图 1-4　PLC 等效电路

1．输入等效电路

输入等效电路由外部输入电路、PLC 输入接线端子和输入继电器组成。外部输入信号到来后，通过连接的接线端子使相应的输入继电器线圈得电；当外部信号失去后，相应的输入继电器线圈失电。通过输入继电器线圈的得电和失电，使相应的输入映像寄存器位元件状态变成“1”或“0”。

通过等效电路可以看到，输入继电器的线圈只能通过外部信号驱动，而不能通过程序控制。

2．程序控制等效电路

它是由用户程序形成的用“软继电器”表示的控制电路。该电路的作用是按照用户程序的逻辑关系，利用本次采样的输入信号值和已有的各继电器线圈状态值进行逻辑运算，并将运算结果写入到各个继电器线圈对应的映像寄存器位元件中，即对各相关的状态元件值进行刷新。

3．输出等效电路

输出电路由内部驱动电路、输出接点、输出接线端子和外部驱动电路组成。该电路的作用是根据本次运算得到的各个输出继电器结果，驱动相应输出电路，即对输出状态进行刷新。

（二）PLC 工作流程

PLC 工作过程示意图见图 1-5，它由多个工作任务组成。当 PLC 进入运行状态后，PLC 依次完成以下三个工作任务。

① 输入采样：PLC 读取输入接点的状态，并将它们存放在输入映像寄存器中。

② 执行用户程序：PLC 根据本次采样的输入数据和前面得到的运算结果，按照用户程序的顺序逐行逐句执行用户程序。执行的结果存储在相应元件的映像寄存器中。

③ 输出刷新：PLC 将本次执行用户程序得到的输出结果一次性地从输出映像寄存器区送到各个输出口，对输出状态进行刷新。

1．循环扫描工作方式

为了连续地完成 PLC 所承担的工作，系统必须周而复始地重复执行这一系列的工作，把这种工作方式叫作循环扫描工作方式。

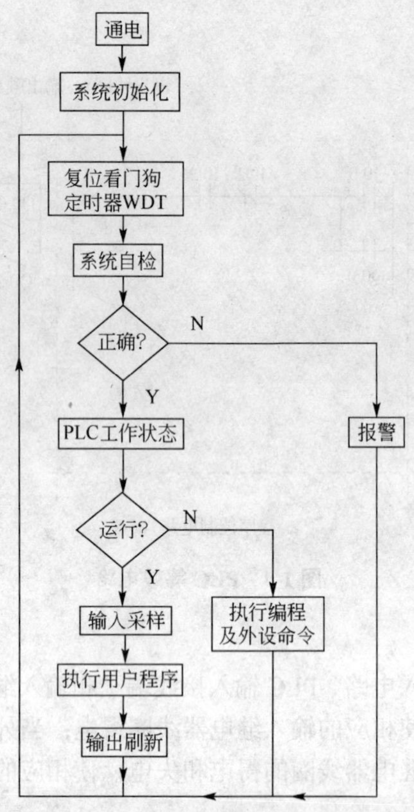

图 1-5 PLC 工作过程示意图

2．PLC 的扫描周期

PLC 有两种基本的工作状态，即运行（RUN）状态、停止（STOP）状态。

PLC 在 RUN 工作状态时，执行一次循环所需的时间称为扫描周期，其典型值为 1～100ms。当扫描周期大于规定值时，PLC 控制系统可能对输入信号不能及时采样，造成信号丢失，给系统的安全和稳定工作带来隐患。因此，为了避免上述问题的发生，在 PLC 中设置了看门狗定时器（WDT）。WDT 的报警过程：当扫描周期大于规定时间后，看门狗定时器没有及时复位，就会发出报警信号，使系统停止工作。

（三）输入/输出滞后时间

输入/输出滞后时间又称为系统响应时间，是指 PLC 外部输入信号发生变化的时刻至 PLC 控制有关外部输出信号发生变化的时刻之间的时间间隔。它包括以下三部分。

① 输入电路的滤波延时时间。用来滤除由输入端引入的干扰噪声，消除因外接输入触点动作时产生抖动引起的不良影响。滤波时间常数决定了输入滤波时间的长短，其典型值为 10ms 左右。

② 输出电路的滞后时间。与输出元件的类型有关：晶体管型输出电路在负载从关断到接通的滞后时间约为 10μs，负载由导通到断开时的最大滞后时间为 100μs；继电器型输出电路的滞后时间一般在 10ms 左右。

③ 程序执行阶段产生的延时。主要与程序的长短、程序的结构、指令的类型以及子程序和中断程序的使用次数有关。

二、S7-200 编址和编程元件

S7-200 输入/输出接点的地址编号是唯一的。当外部信号与 PLC 连接后，它们与 S7-200

各个输入/输出接点的地址编号就一一对应。

1．S7-200 的编址

PLC 将数据存储在具有唯一地址的不同存储单元中，允许程序采用直接或间接等多种方式存取数据。当 S7-200 存取用户内存区域的数据时，需要指定数据所在地址，数据地址包括元件类型（如输入 I、输出 Q、辅助继电器 M、变量寄存器 V 等）、字节号和位号。表 1-14 为 S7-200 元件编址说明。

表 1-14 S7-200 元件编址

元件编址	示例	说明
位	Q0 .2 2 — 位号 . — 字节与位分隔符 0 — 字节地址 Q — 元件类型（输出继电器）	位号 0～7
字节	IB0 0 — 字节地址 B — 存储单位（字节） I — 元件类型（输入继电器）	字节地址加 1 递增
字	MW2 2 — 字节地址 W — 存储单位（字） M — 元件类型（辅助继电器）	字节地址加 2 递增
双字	VD4 4 — 字节地址 D — 存储单位（双字） V — 元件类型（变量寄存器）	字节地址加 4 递增

2．编程元件

PLC 的数据存储区，按照存放数据的类型、功能和大小划分成若干个区域，每个区域存放不同的数据。将这些数据区域参照继电器控制电路的元件命名（便于电气技术人员识别），得到输入继电器、输出继电器、辅助继电器、变量寄存器、定时器、计数器、数据寄存器等多种编程元件。这些编程元件不是实际的物理器件，只是存储器中的存储单元。S7-200 的主要编程元件见表 1-15 所示。

表 1-15 S7-200 的主要编程元件

符号	名称	功能
I	输入继电器	用于存放 PLC 的输入信号状态值，位元件。PLC 将每次采样输入接点的结果放入相应的输入继电器中
Q	输出继电器	用于存放 PLC 的输出值，位元件。PLC 将每次运算得到的输出结果放入相应的输出继电器中
V	变量寄存器	用于数据运算、数据传送、存储中间结果
M	辅助继电器	用于程序控制，但不能直接连接外部信号和负载
SM	特殊辅助继电器	特殊辅助继电器是用来自动存储系统的工作状态、进行控制参数设置以及产生特定信号的专用存储区域
T	定时器	定时器的作用与通用时间继电器基本相似，定时器的设定值通过程序预先给定，当满足定时器的工作条件时，定时器开始延时，达到延时值时，定时器接点动作
C	计数器	计数器的作用与通用计数器相似，用来计脉冲个数。当满足计数器的工作条件时，计数器开始工作，达到设定值（增计数器、增/减计数器）或减到 0 时（减计数器、增/减计数器），计数器的接点动作

特殊辅助继电器 SMB0 各位元件功能，见表 1-16。

表 1-16 SMB0 各位元件功能表

SMB0 位	元 件 功 能
SM0.0	在运行状态下，总为 ON
SM0.1	在从停止转为运行时，产生 1 个扫描周期 ON
SM0.2	当 RAM 中保存数据丢失，产生 1 个扫描周期 ON
SM0.3	PLC 通电转为运行时，产生 1 个扫描周期 ON
SM0.4	周期为 1min，占空比 50%的时钟脉冲
SM0.5	周期为 1s，占空比 50%的时钟脉冲
SM0.6	一个扫描周期为 ON，下一个扫描周期为 OFF 的扫描时钟
SM0.7	指示 PLC 方式开关（MODE）的位置，1=运行(RUN，启动自由口通信模式)，0=终端（TERM，终止 PLC 与编程设备的通信）

3．寻址范围

S7-200 的编程元件数量是有限的，主要编程元件的寻址范围，见表 1-17 所示。

表 1-17 S7-200 主要编程元件的寻址范围

编程元件			CPU221	CPU222	CUP224	CUP224XP	CPU226
输入继电器（I）			I0.0～I15.7				
输出继电器（Q）			Q0.0～Q15.7				
变量寄存器（V）			VB0～VB2047		VB0～VB5199	VB0～VB10239	
辅助继电器（M）			M0.0～M31.7				
特殊继电器（SM）			SM0.0～SM179.7	SM0.0～SM299.7	SM0.0～SM549.7		
只读特殊继电器（SM）			SM0.0～SM29.7				
定时器 T	通电延时（TON）断电延时（TOF）	1ms	T32、T96				
		10ms	T33～T36、T97～T100				
		100ms	T37～T63、T101～T255				
	记忆型通电延时（TONR）	1ms	T0、T64				
		10ms	T1～T4、T65～T68				
		100ms	T5～T31、T69～T95				
计数器（C）			C0～C255				
高速计数器（HC）			HC0、HC3～HC5		HC0～HC5		
顺序控制继电器（S）			S0.0～S31.7				
调用子程序数量			0～63				
中断程序数量			0～127				

三、位逻辑指令

S7-200 的指令表达形式有梯形图 LAD（Ladder Programming）、语句表 STL（Statement List）和功能图 FBD（Function Block Diagram）。梯形图指令是程序设计的主要方式，也是学习的重点。梯形图中基本图形符号含义见表 1-18。

表 1-18 梯形图指令的基本符号

名 称	符号	功 能
动合触点	┤ ├	线圈断电，触点断开状态；线圈得电，触点闭合状态
动断触点	┤ / ├	线圈断电，触点闭合状态；线圈得电，触点断开状态
线圈	—( )	被驱动的编程元件
置 1	S-bit —(S) N	从起始位（S-BIT）开始的 N 个元件置 1

续表

名　称	符号	功　能
置 0	S-bit ─(R) N	从起始位（S-BIT）开始的 N 个元件清 0
上升沿触发	─┤ P ├─	在上升沿到来时，产生一个扫描周期的脉冲
下降沿触发	─┤ N ├─	在下降沿到来后，产生一个扫描周期的脉冲
取反	─┤NOT├─	逻辑值取非

位逻辑基本梯形图程序见表 1-19。

表 1-19　位逻辑基本梯形图程序

名称	梯 形 图	功　能
点动	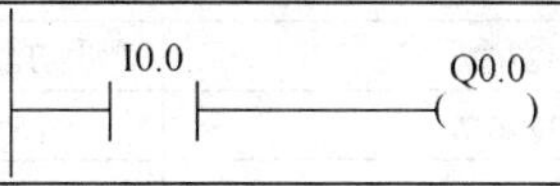I0.0 Q0.0	I0.0 控制 Q0.0 的启动和停止
串联	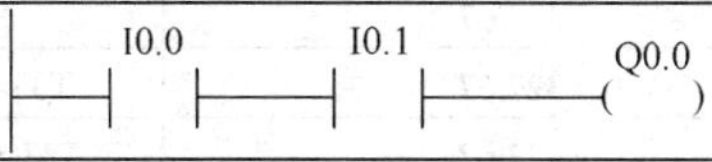I0.0 I0.1 Q0.0	I0.0 和 I0.1 逻辑与的结果，控制 Q0.0 值
并联	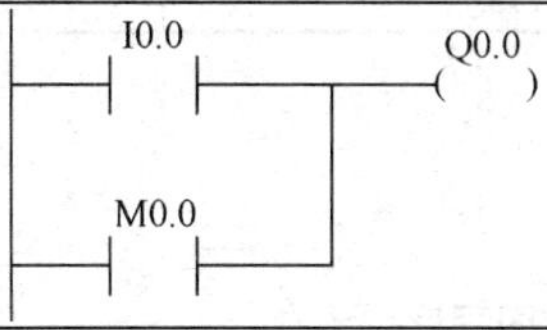I0.0 Q0.0 M0.0	I0.0 和 M0.0 逻辑或的结果，控制 Q0.0 值
自锁	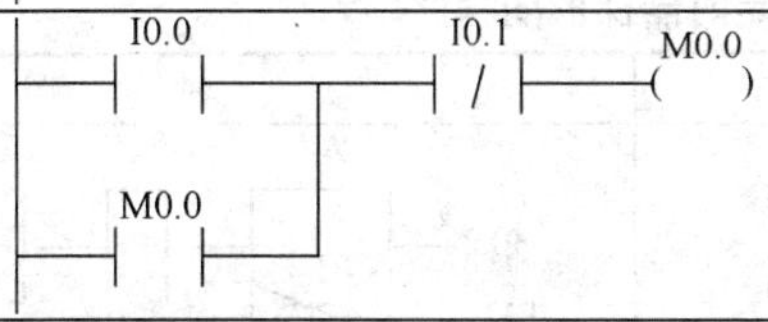I0.0 I0.1 M0.0 M0.0	I0.0=1 启动，使 Q0.0=1； I0.1=1 停止，使 Q0.0=0
S/R 多点控制	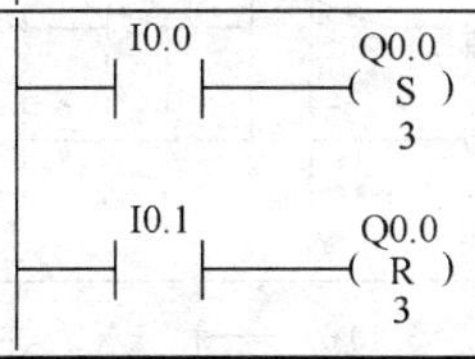I0.0 Q0.0 S 3 I0.1 Q0.0 R 3	I0.0=1 时，使 Q0.0～Q0.2 的值为 1； I0.1=1 时，使 Q0.0～Q0.2 的值为 0；

应用举例：用一个按钮、一个接触器和一台 CPU221，控制电机连续运行。试编写控制程序。现场信号与 CPU221 的 I/O 地址分配表,见表 1-20；控制程序和时序图，见图 1-6。

表 1-20　输入/输出设备与 PLC 的 I/O 地址分配

输 入 设 备			输 出 设 备		
符号	功能	输入地址	符号	功能	输出地址
SB1	启动/停止按钮	I0.0	KM	接触器	Q0.0

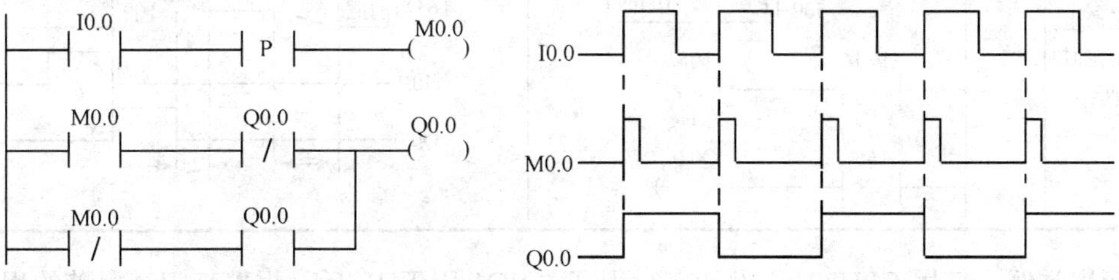
I0.0
P
M0.0
M0.0
Q0.0
Q0.0
M0.0
Q0.0
I0.0
M0.0
Q0.0

（a）梯形图　　（b）时序图

图 1-6　单按钮控制电机启动和停止控制程序和时序图

四、定时器和计数器

（一）定时器

1．定时器类型

定时器是PLC常用的编程元件之一，用于时间控制。S7-200的定时器为增量型定时器，分为通电延时型(TON)、有记忆的通电延时型(TONR)、断电延时型(TOF)三种类型。

S7-200的256个定时器分属TON、TOF和TONR工作方式，有三种分辨率，TOF与TON共享同一组定时器，但不能重复使用。定时器的分辨率和编号见表1-21。

表1-21　定时器分辨率和编号

工作方式	分辨率/ms	最大当前值/s	定时器编号
TONR	1	32.767	T0，T64
	10	327.67	T1～T4，T65～T68
	100	3276.7	T5～T31，T69～T95
TON/TOF	1	32.767	T32，T96
	10	327.67	T33～T36，T97～T100
	100	3276.7	T37～T63，T101～T255

2．定时器指令

三种定时器的梯形图程序，见表1-22。

表1-22　定时器梯形图程序

名　称	梯形图	时序图
通电延时型定时器TON	I0.2 T33 IN TON +300 PT 10 ms T33 Q0.0 ( )	I0.2 T33当前值 Q0.0 PT 最大值32767 PT预置值 3s 3s
断电延时型定时器TOF	I0.0 T37 IN TOF +30 PT 100 ms T37 Q0.0 ( )	I0.0 T37当前值 Q0.0 PT 3s
有记忆通电延时型定时器TONR	I0.0 T65 IN TONR +500 PT 10 ms I0.1 T65 (R) 1 T65 Q0.0 ( )	I0.0 T65当前值 I0.1 Q0.0 PT 3s 2s

应用举例：使用CPU221，设计在行程开关SQ1压下1h后，报警灯闪亮报警的程序。现场信号与CPU221的I/O地址分配表，见表1-23。延时控制程序及工作时序，见图1-7。

表 1-23　输入/输出设备与 PLC 的 I/O 地址分配表

输入设备			输出设备		
符号	功能	输入地址	符号	功能	输出地址
SQ1	行程开关	I0.0	HL1	报警灯	Q0.0

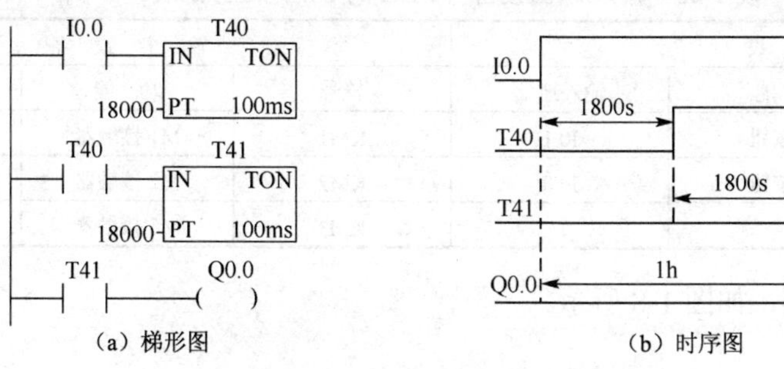

图 1-7　延时控制程序及工作时序

（二）计数器

计数器主要用于累计输入脉冲的次数。S7-200 有增计数（CTU）、增/减计数（CTUD）、减计数（CTD）三类，共 256 个。计数器梯形图见表 1-24。

表 1-24　计数器梯形图程序

名称	梯形图	时序图
增计数器 CTU	I0.0, C1, CU, CTU, I0.1, R, 3-PV	I0.1, I0.0, 1, 2, 3, 4, 5, C1当前值, C1位
减计数器 CTD	I0.0, C5, CD, CTD, I0.2, LD, 3-PV, C5, M0.0	I0.1, I0.2, 3, 2, 1, 0, C5（当前值）0, 3, 2, M0.0
增/减计数器 CTUD	I4.0, C48, CU, CTUD, I3.0, CD, I2.0, R, +4-PV, C48, Q0.0	I4.0, I3.0, I2.0, 0, 1, 2, 3, 4, 5, 4, 3, 4, 5, 0, C48当前值, C48位

应用举例：三台电动机 M1、M2、M3 由一台 CPU222 控制。要求 M1、M2 和 M3 依次相隔 5s 启动，各运转 10s 停止，如此循环工作。

现场信号与 CPU222 的 I/O 地址分配表，见表 1-25。

表 1-25 输入/输出设备与 PLC 的 I/O 地址分配表

输入设备			输出设备		
符号	功能	输入地址	符号	功能	输出地址
SB1	停止按钮	I0.1	KM1	M1 接触器	Q0.1
SB2	启动按钮	I0.0	KM2	M2 接触器	Q0.2
			KM3	M3 接触器	Q0.3

控制系统的梯形图，如图 1-8 所示。

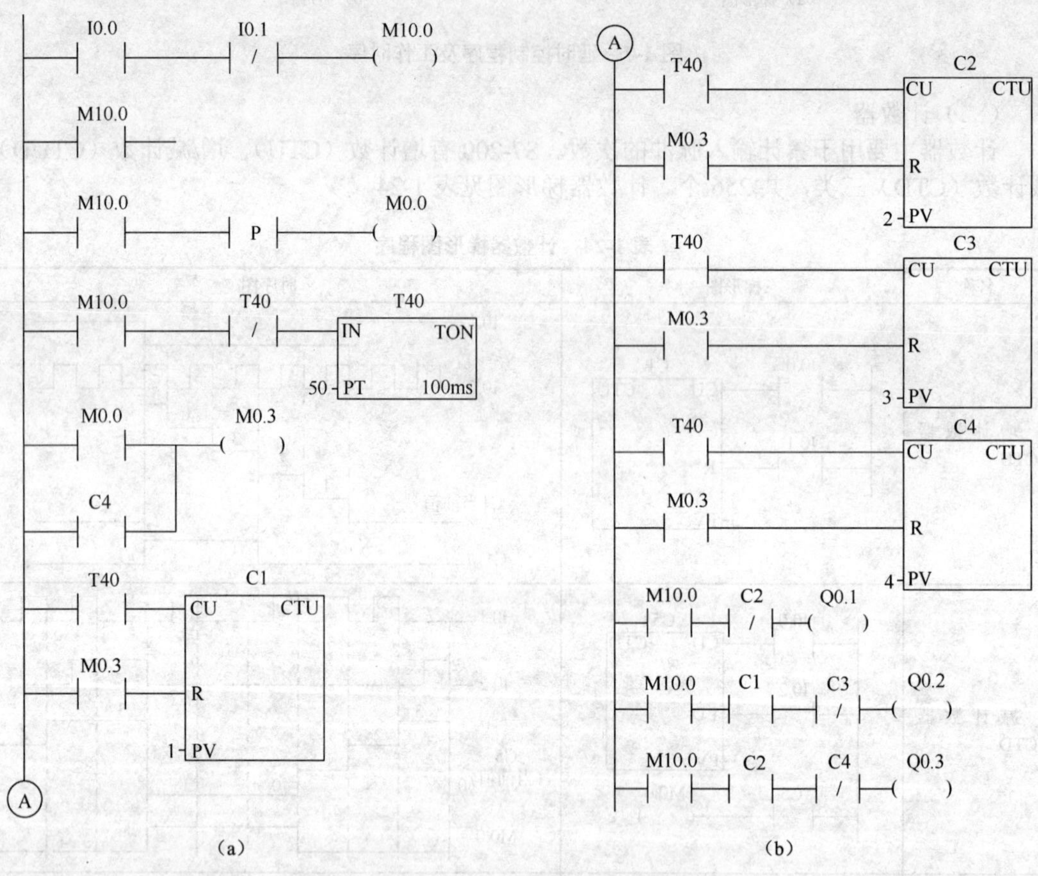

图 1-8 三台电动机控制的梯形图

【相关案例】

设计三相异步电动机堵转保护程序。电动机堵转保护的要求如下。

电源接通后，按启动按钮 SB2，电动机全压启动后运行，按停止按钮 SB1 电动机停止。在电动机运行过程中，通过接近开关 SQ 检测电动机的旋转情况，当电动机发生堵转时，电动机停止并发出报警指示。

1．S7-200 选型

按照 S7-200 选型流程，确定控制系统 S7-200 型号为 CPU221AC/DC/继电器。

2．I/O 地址分配表

现场信号与 CPU221 的 I/O 地址分配表，见表 1-26。

表 1-26　现场信号与 PLC 的 I/O 地址分配表

输入设备			输出设备		
符号	功　能	输入地址	符号	功　能	输出地址
SB1	停止按钮	I0.1	KM1	接触器	Q0.0
SB2	启动按钮	I0.0	HL	报警信号灯	Q0.1
FR	热继电器	I0.2			
SQ	接近开关（PNP）	I0.3			
SB3	报警复位按钮	I0.4			

3．PLC 控制电路

根据现场信号与 PLC 的 I/O 地址分配表，绘制 CPU221 的控制电路，如图 1-9 所示。

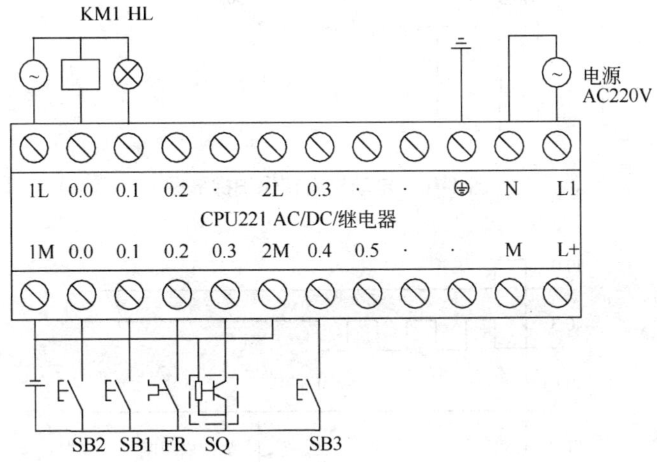

图 1-9　电动机堵转保护 PLC 控制电路

4．控制程序

根据控制要求，采用位逻辑指令和定时器指令进行编程，得到控制系统的梯形图如图 1-10 所示；控制过程时序图如图 1-11 所示。

5．程序分析

（1）启动

按下 SB2→I0.0 得电→动合触点 I0.0 闭合→线圈 Q0.0 得电→KM1 吸合，电动机启动；动合触点 Q0.0[1]自锁。

（2）堵转控制电路

动合触点 Q0.0[2]闭合→堵转电路开始工作→电动机旋转使动合触点 I0.3、动断触点 I0.3 交替闭合（间隔时间小于 2s）→T110、T111 的接点不能闭合→线圈 M0.0 不得电→电动机正常工作。

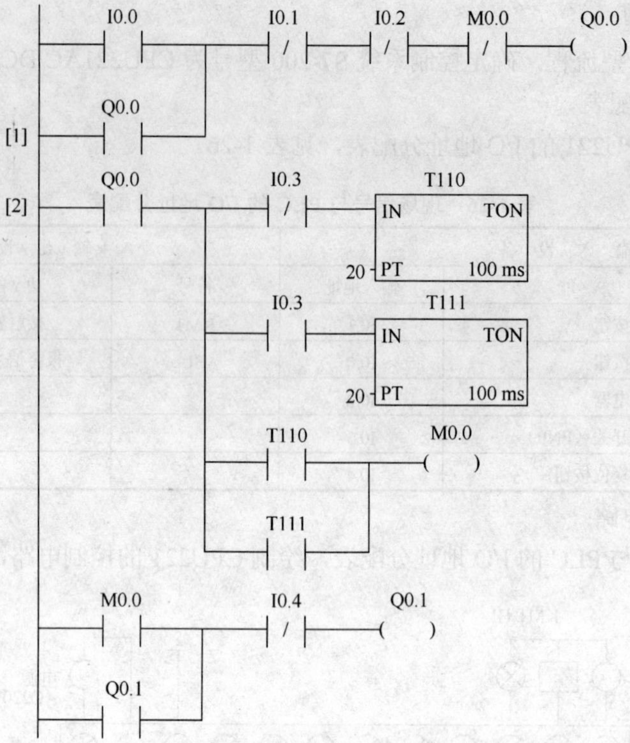

图 1-10 电动机堵转保护梯形图

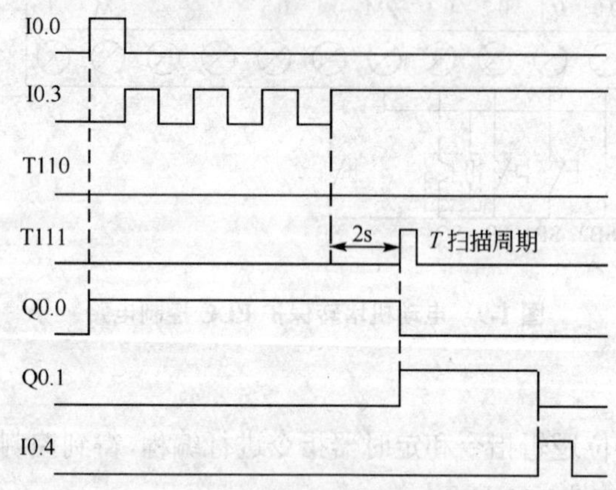

图 1-11 电动机堵转控制时序图

当发生堵转时，接近开关 SQ 接点保持在一种状态（闭合或断开）。假定接近开关 SQ 闭合→动合触点 I0.3 闭合→T111 延时 2s 后→T111 动合触点闭合→线圈 M0.0 得电→

动断触点 M0.0 断开→线圈 Q0.0 失电→KM1 释放，电动机停止工作。
动合触点 M0.0 闭合→线圈 Q0.1 得电→报警信号灯 HL 亮。

按下 SB3→I0.4 得电→动断触点 I0.4 断开→线圈 Q0.1 断电→报警信号灯 HL 灭。

（3）过载保护

当发生过载或断相时：FR 动作→I0.2 得电→动断触点 I0.2 断开→线圈 Q0.0 失电→KM1

释放，电动机停止，实现保护。

6．结论

控制程序能够满足控制要求。对于不同旋转速度的控制对象，可改变 T110 和 T111 定时值实现保护。

【实施与考核】

一、任务实施

分析运输小车电气控制系统控制要求，编写现场信号与 PLC 的 I/O 地址分配表，绘制控制电路，设计 S7-200 控制程序。

1．编写 I/O 地址分配表

分析工作要求，根据运输小车电气控制系统输入/输出点与 S7-200 的连接位置，确定各个元件的 I/O 地址，并写入到 I/O 地址分配表中。

2．绘制电路图

参照运输小车电气元件的 I/O 地址分配表和电气主电路，根据控制要求，绘制 S7-200 控制电路和相关保护电路。

3．设计控制程序

根据所学到的 S7-200 的基本指令和已知的电气控制知识，进行运输小车电气控制系统的编程。

二、考核评价

1．控制电路检查

参照现场信号与 PLC 的 I/O 地址分配表，检查控制电路是否正确，保护是否完善。

2．程序验证

按照控制要求，绘制控制系统时序图。结合时序图，按照工作过程分析程序，说明控制程序是否满足控制要求。

3．总体评价

工作结束后，对任务实施过程进行总结评价。

任务三　运输小车电气控制系统安装

【任务描述】

根据电工工艺安装标准和 S7-200 安装接线要求，按照运输小车电气控制系统的主电路和 S7-200 控制电路，对运输小车电气控制系统进行电气元件检查、固定元件、安装配线和线路检测等安装工作。

【知识链接】

一、S7-200 外部结构

1．基本模块

S7-200 的基本模块包括中央处理器（CPU）、存储器、电源以及开关量输入/输出（I/O）接口，这些部件集中在一个箱体中。图 1-12 所示为 CPU222 的外部结构。

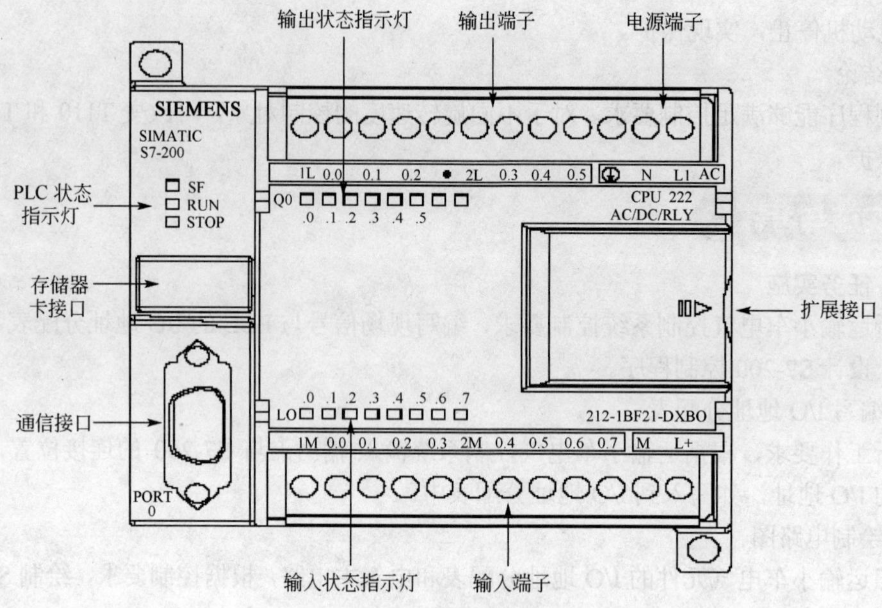

图 1-12 CPU222 的外部结构

2．扩展模块

S7-200 的开关量输入/输出扩展模块包括输入接点、输出接点、状态指示灯和扩展接口等部件，这些部件集中在一个箱体中，与基本模块通过扩展线相连。图 1-13 为扩展模块 EM221 的外部结构图。

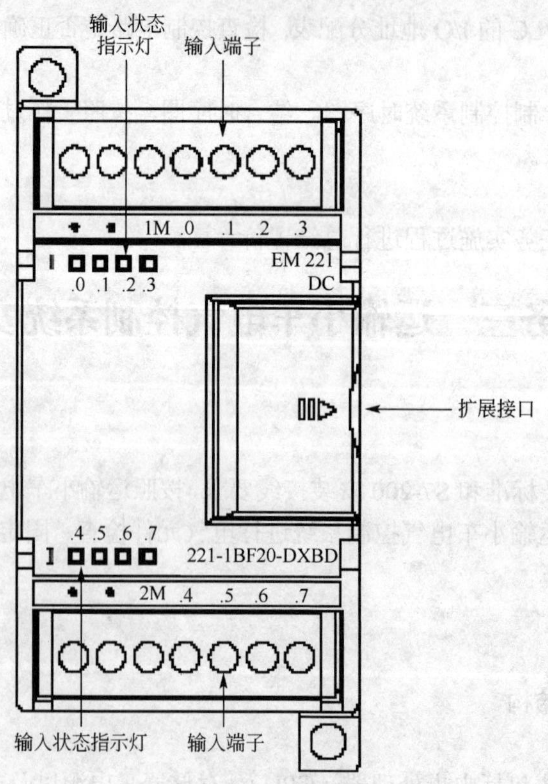

图 1-13 EM221 的外部结构图

二、S7-200 接线

1．S7-200 的接线方式

S7-200 的输入端为混合型输入电路，既可作漏型输入，又可作源型输入，见表 1-27。同一个公共端的每个输入点只能采用相同接线方式。

表 1-27　S7-200 的接线方式

接线形式	漏型输入	源型输入
示例	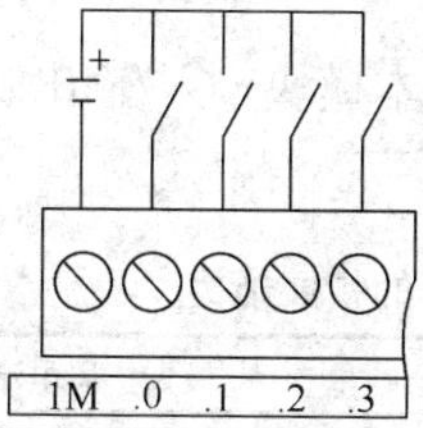 + 1M .0 .1 .2 .3	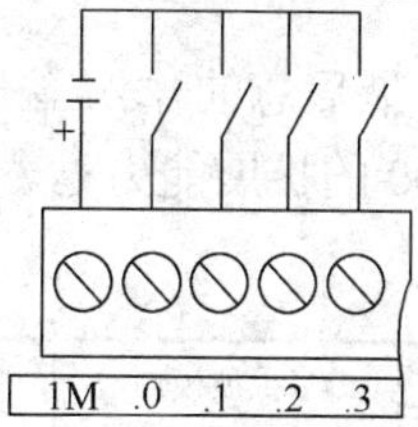 + 1M .0 .1 .2 .3

2．S7-200 的接线图

由于 S7-200 的模块类型（基本模块、扩展模块）、输出类型（继电器、晶体管）、外部电源（DC24V、AC220V）不同，因此接线也不尽相同。表 1-28 为 S7-200 接线示例。

表 1-28　S7-200 不同模块的接线图

CPU222DC/DC/DC	EM221 DI8×24VDC
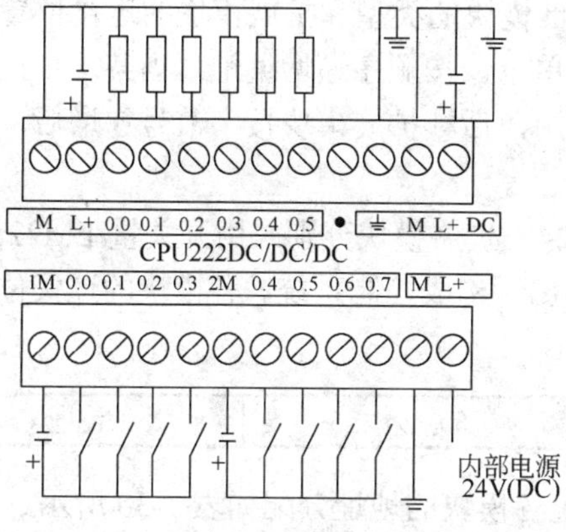 + + M L+ 0.0 0.1 0.2 0.3 0.4 0.5 • ⏚ M L+ DC CPU222DC/DC/DC 1M 0.0 0.1 0.2 0.3 2M 0.4 0.5 0.6 0.7 M L+ + + 内部电源 24V(DC)	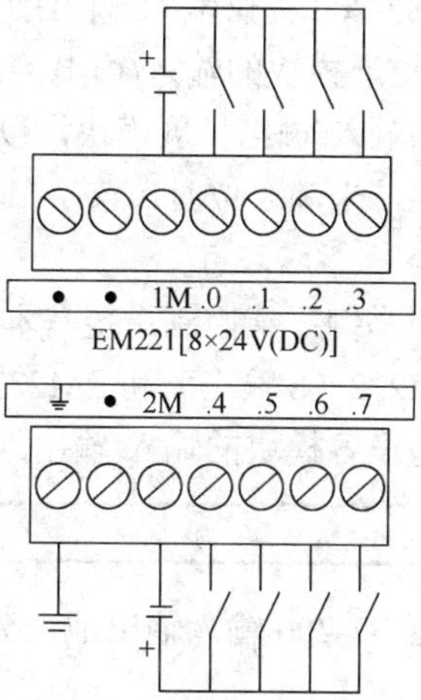 + • • 1M .0 .1 .2 .3 EM221[8×24V(DC)] ⏚ • 2M .4 .5 .6 .7 +
CPU222AC/DC/继电器	**EM222 DO8×继电器**
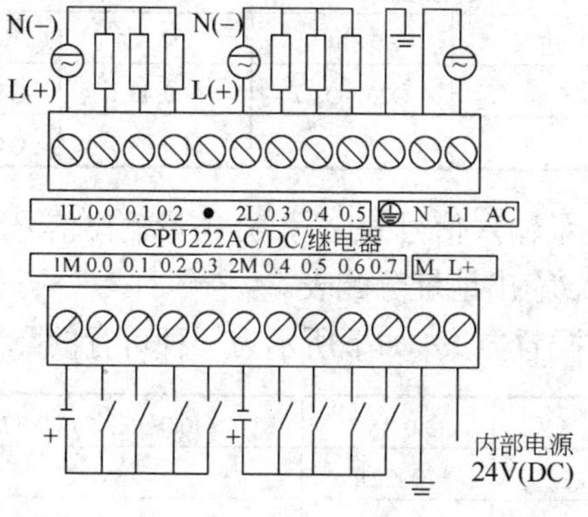 N(−) L(+) N(−) L(+) 1L 0.0 0.1 0.2 • 2L 0.3 0.4 0.5 ⏚ N L1 AC CPU222AC/DC/继电器 1M 0.0 0.1 0.2 0.3 2M 0.4 0.5 0.6 0.7 M L+ + + 内部电源 24V(DC)	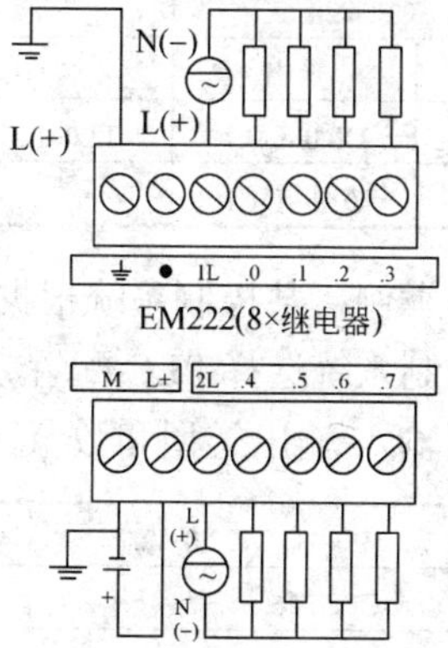 N(−) L(+) L(+) ⏚ • 1L .0 .1 .2 .3 EM222(8×继电器) M L+ 2L .4 .5 .6 .7 L (+) N (−) +

三、输入/输出接点的扩展

在基本模块的输入/输出接点不够时，除 CPU221 外，可通过增加扩展模块，实现对输入/输出接点数的增加。

1．输入/输出接点的扩展规则

① 基本模块所连接的扩展模块数量不能超过其所允许连接的扩展模块数。

② 连接的所有扩展模块消耗的总电流不能超过基本模块在直流 5V 下提供的最大扩展电流。

③ 扩展后总的输入/输出接点数不能超出基本模块输入/输出映像寄存器的寻址范围。

S7-200 的扩展能力见表 1-29。

表 1-29 S7-200 的扩展能力

主机模块	最多扩展模块数	输入/输出（I/O）映像寄存器数量	最大扩展电流	开关量最大扩展数
CPU221	0	开关量：256，模拟量：无	0	无
CPU222	2	开关量：256，模拟量：16 入/16 出	340mA	78 个输入/输出（I/O）接点
CPU224	7	开关量：256，模拟量：32 入/32 出	660 mA	168 个输入/输出（I/O）接点
CPU226	7	开关量：256，模拟量：32 入/32 出	1000mA	248 个输入/输出（I/O）接点
CPU226MX	7	开关量：256，模拟量：32 入/32 出	1000mA	248 个输入/输出（I/O）接点

2．S7-200 扩展模块输入/输出地址分配的规则

① S7-200 提供输入/输出接点地址的固定设置，由基本模块自动分配。

② 扩展模块的输入/输出接点地址取决于扩展模块的类型和扩展模块的连接位置。对于同类型的输入/输出扩展模块，以字节（8 位）为单位，按顺序递增编址。当某一个扩展模块的高位字节未满 8 位时，该字节剩余的位不再使用，后续扩展模块按字节号递增后，进行分配。

应用举例：某控制系统基本模块采用 CPU224，扩展模块分别采用开关量 EM221（8 输入）、EM222（8 输出）和 EM223（16 输入/16 输出）构成控制系统。各模块的连接位置如下所示。写出各模块的输入/输出地址分配表。

CPU224	EM221	EM222	EM223

根据 S7-200 输入输出地址分配原则，该系统各模块的地址分配如表 1-30 所示。

表 1-30 控制系统 I/O 地址分配表

主机 CPU224		扩展 1（EM221）		扩展 2（EM222）		扩展 3（EM223）	
输入	输出	输入	输出	输入	输出	输入	输出
I0.0~I0.7	Q0.0~Q0.7	I2.0~I2.7			Q2.0~Q2.7	I3.0~I3.7	Q3.0~Q3.7
I1.0~I1.5	Q1.0~Q1.1					I4.0~I4.7	Q4.0~Q4.7

应用举例：某控制系统根据要求，需要开关量输入信号 60 个，开关量输出信号 28 个。试为该控制系统选择 PLC 配置方案，并写出输入/输出地址分配表。

根据输入/输出类型和数量，可有多种不同的配置方案。如下所示为一种可行的配置方案。

I0.0~I0.7、I1.0~I1.7、I2.0~I2.7	I3.0~I3.7	I4.0~I4.7	I5.0~I5.7	I6.0~I6.7、I7.0~I7.7
CPU226	EM221	EM221	EM221	EM223
Q0.0~Q0.7、Q1.0~Q1.7				Q2.0~Q2.7、Q3.0~Q3.7

该方案提供了 64 个开关量输入点，32 个开关输出点，满足控制要求。基本模块和扩展模块的地址分配表，如表 1-31 所示。

表 1-31　控制系统 I/O 地址分配表

主机 CPU226		扩展 1（EM221）		扩展 2（EM221）		扩展 3（EM221）		扩展 4（EM223）	
输入	输出	输入	输出	输入	输出	输入	输出	输入	输出
I0.0~I0.7	Q0.0~Q0.7	I3.0~I3.7		I4.0~I4.7		I5.0~I5.7		I6.0~I6.7	Q2.0~Q2.7
I1.0~I1.7	Q1.0~Q1.7							I7.0~I7.7	Q3.0~Q3.7
I2.0~I2.7									

四、布置和布线要求

为了提高 PLC 的抗干扰能力，在 PLC 的安装过程中，还要考虑环境、布线、电源等多方面因素对 PLC 的影响，以确保 PLC 工作的稳定性。

（一）PLC 布置方案

S7-200 既可以安装在控制柜背板上，也可以安装在标准导轨上。既可以水平安装，也可以垂直安装。在安装时要避免设备受热、高压和电噪声。应参照以下原则放置 PLC。

① 使 S7-200 远离高压和高噪声设备。

② 当 S7-200 安装在有发热设备的机柜中时，应将 PLC 放在机柜的较冷区域，在高温环境下使用电气设备，都将缩短其使用寿命。

③ 为保证 PLC 能够自然对流冷却，PLC 上、下必须留有至少 25mm 的间隙；前面板与背板的板间距离也应保持至少 75mm。

（二）PLC 布线方案

1．电源

S7-200 使用直流 24V 或交流 110V/220V 电源供电。当 PLC 工作在电气干扰严重的环境时，可采用隔离变压器、稳压器、开关电源等抗干扰措施。也可采用单独的电源给 PLC 供电。

2．布线

① S7-200 基本模块所需的电源要采用单独的开关供电，并安装过流保护（断路器或熔断器）。

② S7-200 基本模块所有输出电路都要设置熔断器，防止由于负载故障造成的短路。

③ 对采用外部直流 24V 电源供电的输入电路，要设置过流保护（断路器或熔断器）。

④ 为了减少可能出现的冲击电流，PLC 要采用单独接地，接地导线要采用 $2mm^2$ 以上的专业接地线，接地电阻要小于 10Ω。

⑤ 避免将 PLC 低压信号线和通信电缆与交流供电线和高能量、开关频率很高的直流线路布置在一个线槽中。

⑥ 当采用晶体管输出时，对于电感性负载，负载两端需要并联一个续流二极管(VD)；如果在使用中需要更快的断开时间，可同时并入稳压二极管（VS）。晶体管输出带电感性负载的接线图如图 1-14 所示。

⑦ 对于交流有噪声负载，可在每个负载两端并联一个阻容滤波器，以减少交流噪声对线路的干扰。抑制交流噪声负载的接线图如图 1-15 所示。

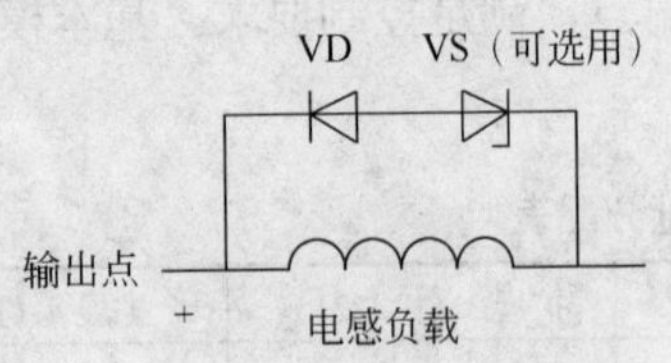

图 1-14 晶体管输出带电感性负载的接线图

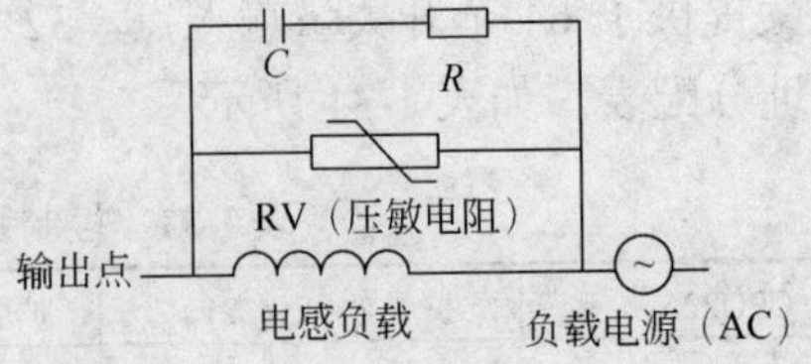

图 1-15 抑制交流噪声负载的接线图

【实施与考核】

一、任务实施

根据运输小车电气控制系统主电路和控制电路图，绘制电器位置图、主电路接线图和控制电路接线图。

按照位置图和接线图的要求，参照电气安装任务实施流程，进行电器安装。

二、考核评价

1．安装质量检查

对已安装的电器线路，参照表 1-32 线路检测要求进行线路检查，检查结果写入表中。

表 1-32 运输小车电气控制线路安装报告单

步序	工作流程	工作要求	完成情况
1	元件检查	电气元件的型号、数量、外观、灵活性、通断、阻值和电压	缺损元件：
2	固定元件	电气元件间距符合要求、排列整齐、牢固防振、无裂纹	完成时间：
3	配线	导线的规格和颜色选择正确、线号齐全、进线和出线合理、布线整齐、导线连接牢固、无损伤	完成时间：
4	线路检测	断电下，万用表对线路通断检查、导线连接有无松动或脱落、限位开关和热继电器是否动作、线路绝缘≥0.5MΩ	检测结果：

2．总体评价

工作结束后，对任务实施过程进行总结评价。

任务四 运输小车电气控制系统调试

【任务描述】

使用 STEP 7-Micro/WIN 编程软件，建立项目，编写运输小车电气控制程序，并下载到 S7-200 中，通过编程软件监控控制系统的运行。

【知识链接】

一、STEP 7-Micro/WIN 操作界面

启动 STEP 7-Micro/WIN 编程软件，其主界面如图 1-16 所示。它采用了标准的 Windows 界面。

STEP 7-Micro / WIN 操作菜单，见表 1-33。

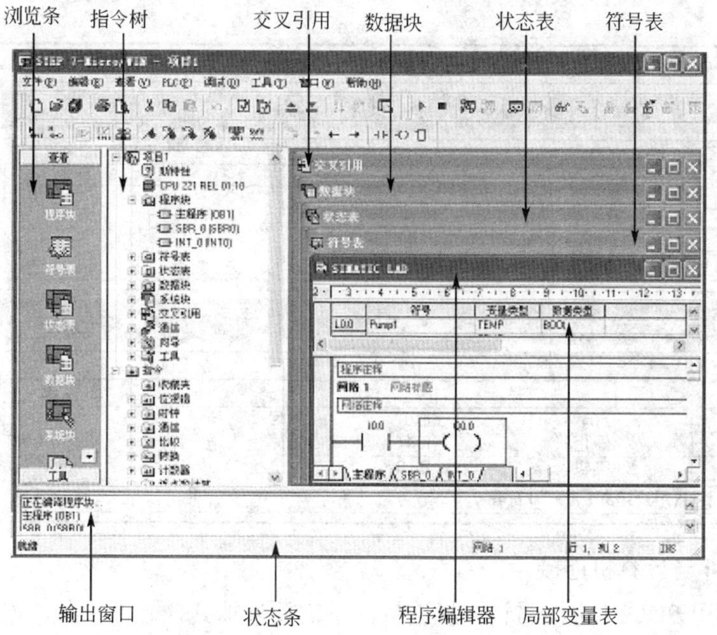

图 1-16　STEP 7-Micro/WIN 窗口组件

表 1-33　STEP 7-Micro/WIN 操作菜单

名称	图示及说明
主菜单	 STEP 7-Micro/WIN - 项目1 文件(F) 编辑(E) 查看(V) PLC(P) 调试(D) 工具(T) 窗口(W) 帮助(H)
标准工具条	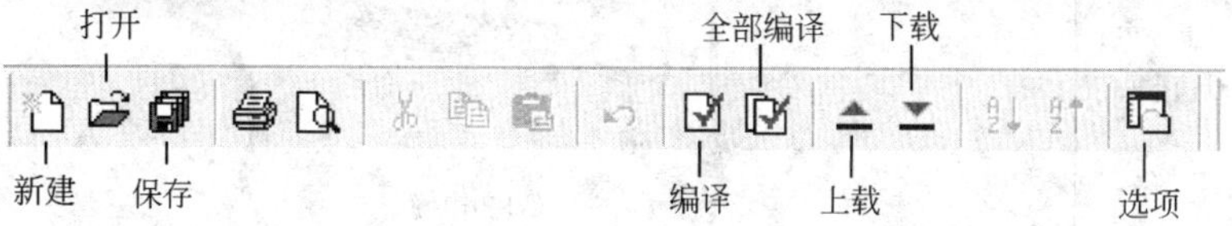 打开　全部编译　下载 新建　保存　编译　上载　选项
指令工具条	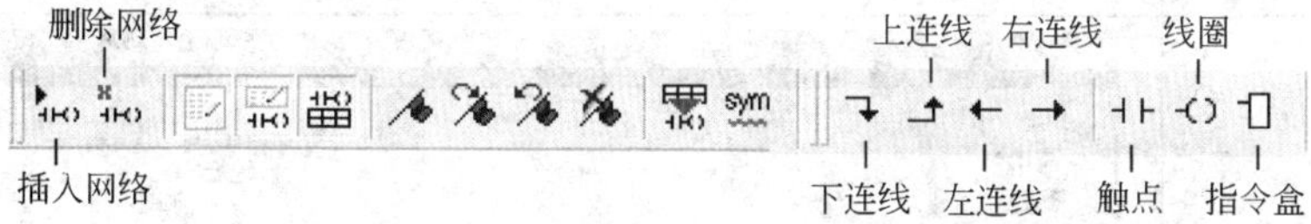 删除网络　上连线　右连线　线圈 插入网络　下连线　左连线　触点　指令盒
调试工具条	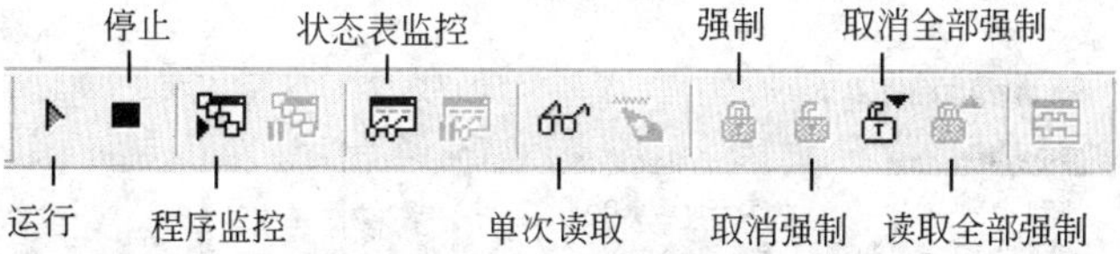 停止　状态表监控　强制　取消全部强制 运行　程序监控　单次读取　取消强制　读取全部强制
程序编辑器 交叉引用	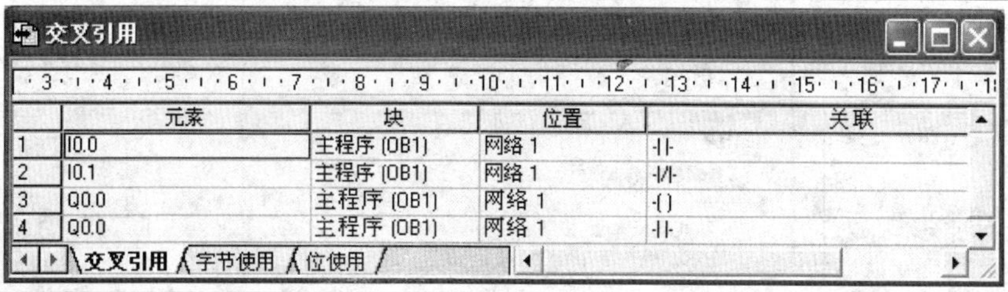 交叉引用 元素 | 块 | 位置 | 关联 1 I0.0 | 主程序 (OB1) | 网络 1 | -||- 2 I0.1 | 主程序 (OB1) | 网络 1 | -|/|- 3 Q0.0 | 主程序 (OB1) | 网络 1 | -( ) 4 Q0.0 | 主程序 (OB1) | 网络 1 | -||- 交叉引用 / 字节使用 / 位使用 程序在何处使用了何符号及内存赋值

续表

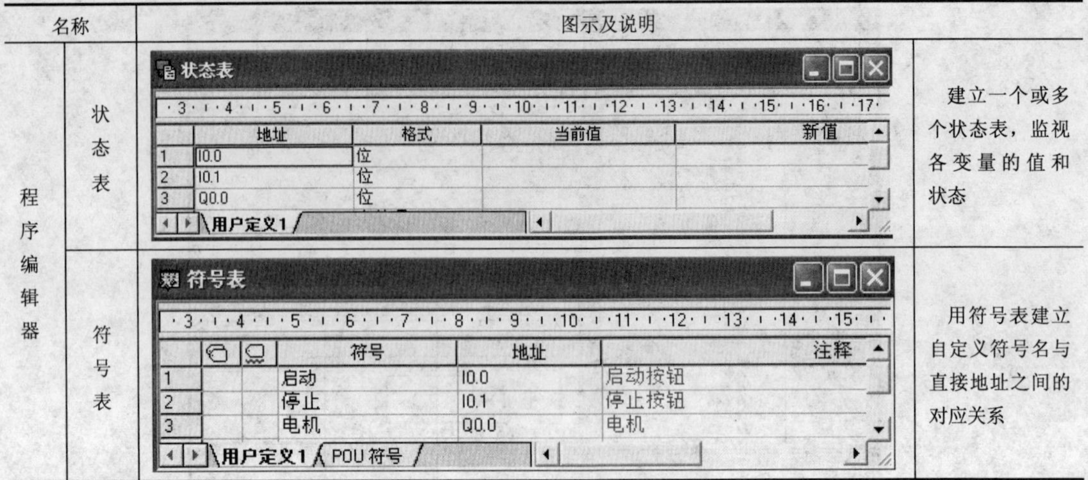

名称		图示及说明	
程序编辑器	状态表	状态表 地址 | 格式 | 当前值 | 新值 1 I0.0 位 2 I0.1 位 3 Q0.0 位 用户定义1	建立一个或多个状态表，监视各变量的值和状态
	符号表	符号表 符号 | 地址 | 注释 1 启动 I0.0 启动按钮 2 停止 I0.1 停止按钮 3 电机 Q0.0 电机 用户定义1 POU 符号	用符号表建立自定义符号名与直接地址之间的对应关系

二、S7-200 与计算机连接

一台 PLC 用 PC/PPI 电缆与计算机连接，不需要外加其他硬件设备，连接和通信设置如表 1-34 所示。

表 1-34　S7-200 与 PC 连接及通信设置

步序	操作内容	图示
1	PC/PPI 电缆的 PC 端连接到计算机 COM1 或 COM2 接口上，PPI 端接到 S7-200 通信口	RS-232 S7-200 CPU RS-485 PC/PPI电缆
2	单击浏览条的“通信”按钮，进入通信对话框	通信 地址 本地： 0 远程： 2 PLC 类型： ☑ 随项目保存设置 网络参数 接口： PC/PPI cable(COM 1) 协议： PPI 模式： 11 位 最高站地址（HSA）： ☐ 支持多主站 传输速率 波特率 9.6 kbps ☐ 搜索所有波特率 设置 PG/PC 接口 PC/PPI cable(PPI) 地址：0 双击刷新 确认　取消

续表

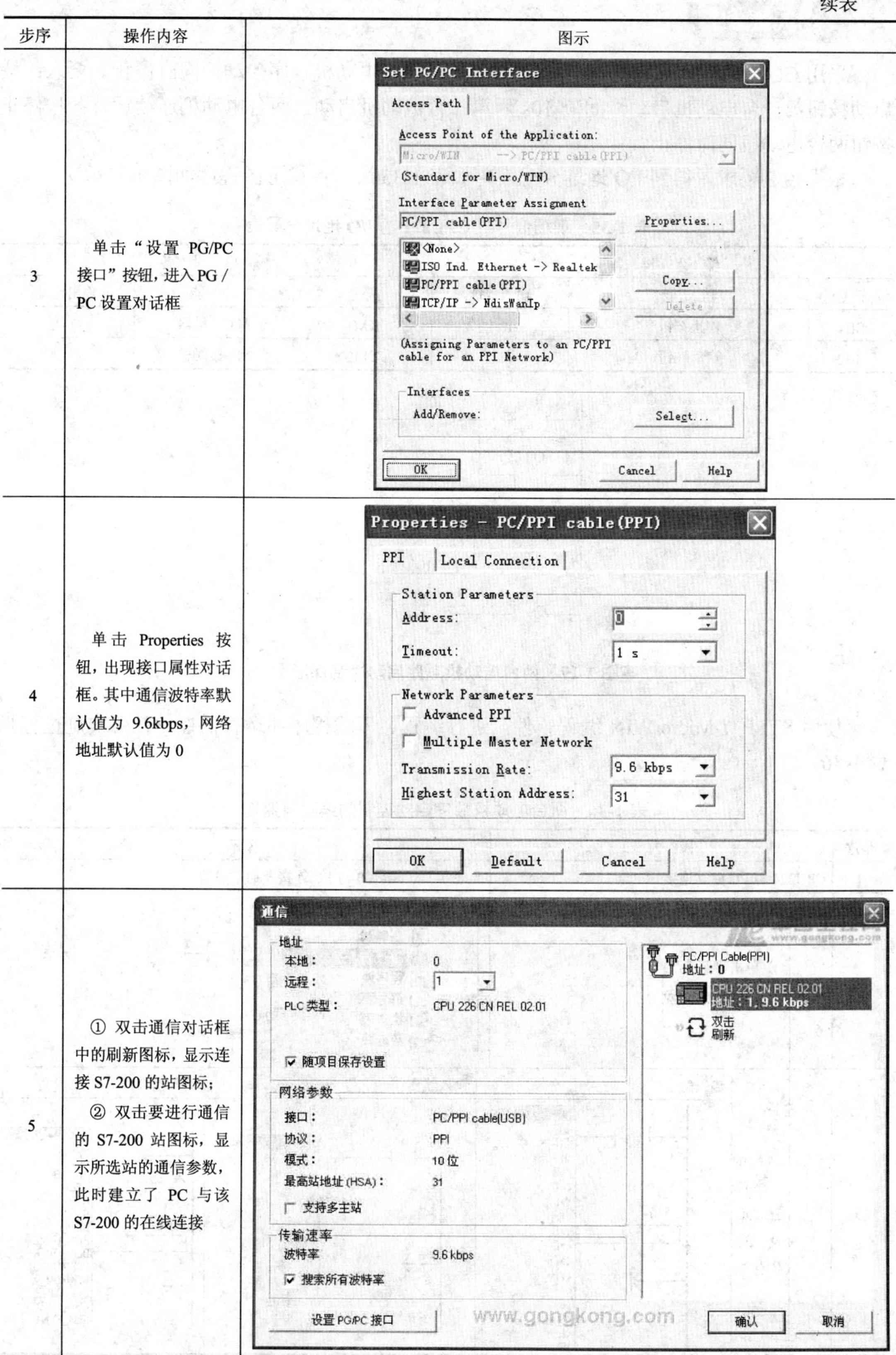

步序	操作内容	图示
3	单击“设置 PG/PC 接口”按钮，进入 PG / PC 设置对话框	
4	单击 Properties 按钮，出现接口属性对话框。其中通信波特率默认值为 9.6kbps，网络地址默认值为 0	
5	① 双击通信对话框中的刷新图标，显示连接 S7-200 的站图标； ② 双击要进行通信的 S7-200 站图标，显示所选站的通信参数，此时建立了 PC 与该 S7-200 的在线连接	

【相关案例】

采用CUP224AC/DC/继电器，控制两台三相异步电动机顺序启动，同时停止。要求：按启动按钮第一台电动机启动，间隔10s后第二台电动机启动，两台电动机连续运行；按停止按钮两台电动机同时停止。

根据控制要求，得到I/O地址分配表，如表1-35所示；梯形图程序如图1-17所示。

表1-35　现场信号与CPU221的I/O地址分配表

输 入 设 备			输 出 设 备		
符号	功　能	输入地址	符号	功　能	输出地址
SB1	停止按钮	I0.1	KM1	M1接触器	Q0.0
SB2	启动按钮	I0.0	KM2	M2接触器	Q0.1

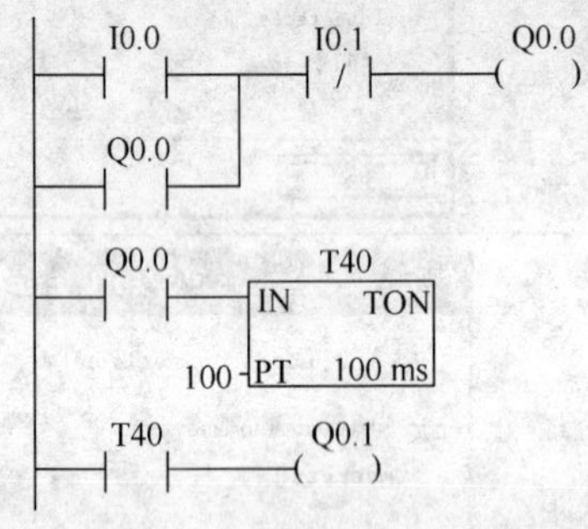

图1-17　两台电动机顺序启动控制梯形图

使用STEP 7-Micro/WIN编程软件，进行编程、下载程序和运行监控。任务实施过程见表1-36。

表1-36　两台电动机顺序启动控制的编程与监控

步序	操作内容		图示		
1	CPU224与PC建立连接		见表1-34，S7-200与PC连接及通信设置		
2	建立项目	① 单击“新建” ② 确定S7-200型号	项目1 新特性 CPU 224 REL 02.01 程序块 符号表 状态表 数据块 类型(T)... 帮助(E)...		
3	编写程序	点击要放置元件的位置	输入触点	输入线圈	输入指令盒
			??.? 网络2 -||- -|/|- -|/|- -|I|- <=B <=D <=I <=R <>B <>D <>I <>R <>S <B <D <I <R	??.? ??.? 网络2 网络3 -() DISI END ENI I JMP NEXT R RET RETI RI S SCRE SCRT SI STOP WDR	网络2 AD_T_TBL ADD_DI ADD_I ADD_R ATCH ATH B_I BCD_I BGN_ITIME BLKMOV_B BLKMOV_D BLKMOV_W CAL_ITIME CHR_FIND CLR_EVNT

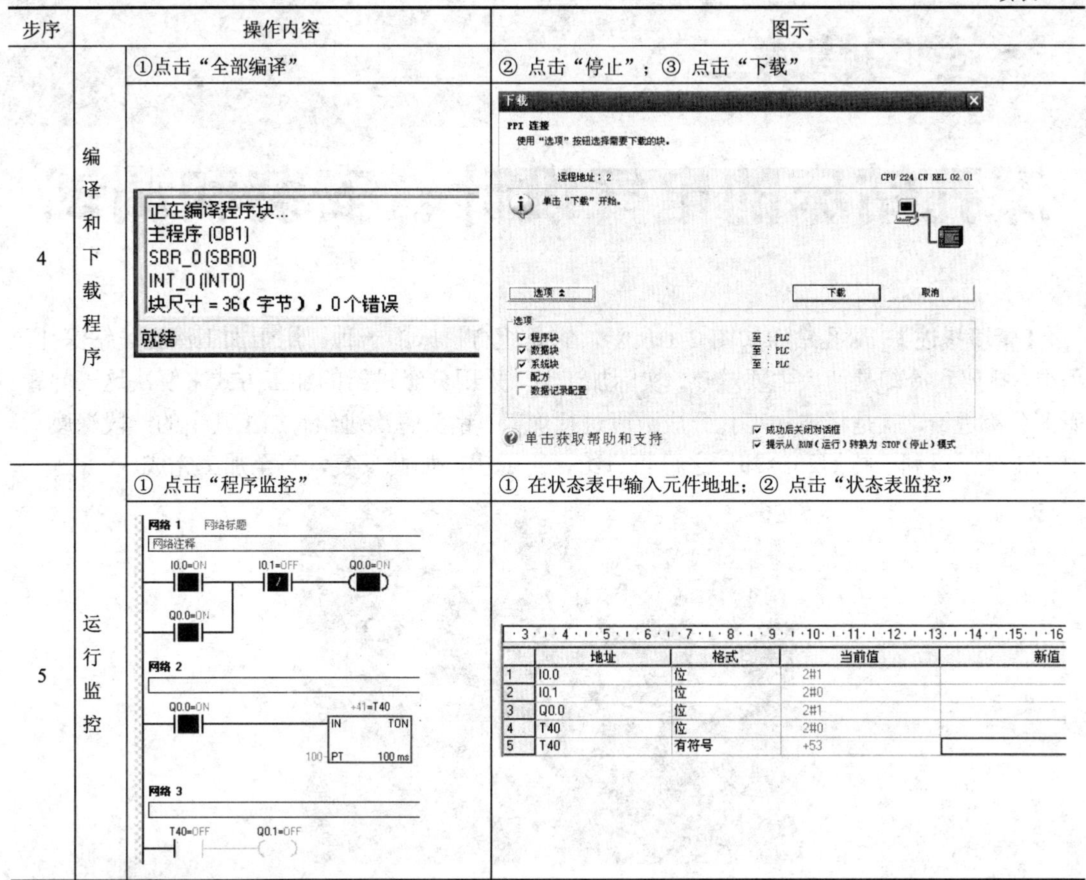

续表

步序	操作内容		图示
4	编译和下载程序	①点击“全部编译”	② 点击“停止”；③ 点击“下载”
5	运行监控	① 点击“程序监控”	① 在状态表中输入元件地址；② 点击“状态表监控”

【实施与考核】

一、任务实施

使用 STEP 7-Micro/WIN 编程软件，完成运输小车电气控制系统程序编辑、下载和监控任务。完成情况填入表 1-37 中。

表 1-37 运输小车电气控制系统调试报告单

步序	工作流程	完成情况	
1	S7-200 与 PC 连接	出现问题：	完成时间：
2	建立项目	出现问题：	完成时间：
3	编写程序	出现问题：	完成时间：
4	编译和下载程序	出现问题：	完成时间：
5	运行监控	出现问题：	完成时间：

二、考核评价

1．故障诊断

如果程序不能运行，且通过全部编译没有语句错误，则单击主菜单中的“PLC\信息”，检查是否出现错误代码及在程序中的位置。根据错误代码修改错误，重新运行。

2．结果分析

按照控制要求，进行模拟运行和空载运行，记录运行结果，分析控制程序是否满足要求。

3．总体评价

工作结束后，对任务实施过程进行总结评价。

学习情境二

深孔钻床的电气设计、安装和调试

【情境描述】 深孔钻床如图 2-1 所示，它是组合机床的一种，用于加工深孔。钻深孔过程中，排屑和冷却是两大主要难点，实际加工时，采用分级进给的加工方式来解决这一问题。所谓分级进给，就是将被加工孔分成数段进行加工，钻头每次进给，加工其中的一段深度后，退出工件，以利于排屑和冷却，之后再进给，再退出，如此反复，直至加工完成。

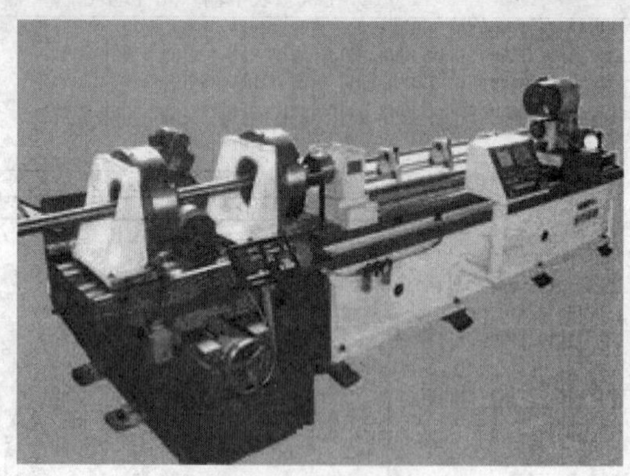

图 2-1　深孔钻床

深孔钻床分级进给工作示意图，如图 2-2 所示。图中，SQ1、A 分别为原点接近开关和挡铁，SQ2、B 分别为工进行程开关和活动挡铁，SQ3、C 分别为快进行程开关和挡铁，SQ4、D 分别为加工终点接近开关和挡铁，SQ5、E 分别为活动挡铁 B 复位行程开关和挡铁。

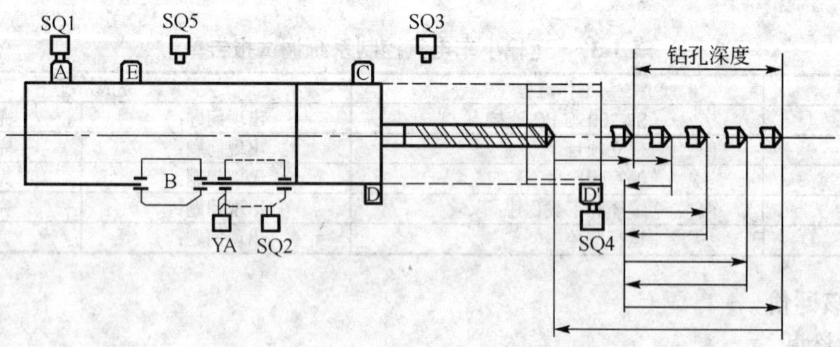

图 2-2　深孔钻床分级进给工作示意图

深孔钻床加工过程为：开始时，动力头快进，活动挡铁 B 压下工进行程开关 SQ2 后，动力头转为工进加工（加工期间活动挡铁 B 一直压下 SQ2，而活动挡铁 B 相对刀具向后移动，以控制下次开始工进的位置），当加工一定深度（由时间控制），动力头快速退出，直至快进挡铁 C 压下快进行程开关 SQ3 时，动力头又转为快进，当 B 挡铁压下工进行程开关 SQ2 后，开始工进加工第二段，当加工到第二段深度（由时间控制），刀具快速退出。经过多次分级循环加工，在最后一次加工中，虽然该段加工时间没到，但已经加工到终点，挡铁 D 触及终端接近开关 SQ4,发出退出信号，动力头快退，与此同时，电磁铁 YA 通电，衔铁上升，挡住活动挡铁 B，使它回到原位（第一次工进的位置），当挡铁 E 压下活动挡铁 B 复位行程开关 SQ5 时，电磁铁 YA 断电，衔铁复位，动力头退回原位， 触及原点接近开关 SQ1,整个加工过程结束。

（1）深孔钻床对电气控制要求

① 深孔钻床电气主电路图如图 2-3 所示。主轴工进电动机 M1 采用全压启动，单方向旋转，无调速要求。

② 快速进给电动机 M2 采用全压启动，能够正反向旋转。电动机具有制动能力，能够实现准确停车。

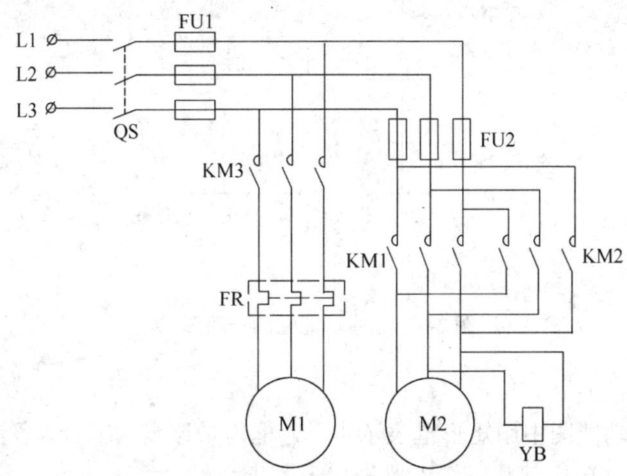

图 2-3　深孔钻床的电气控制主电路图

（2）学习过程中需要完成的工作任务

① 按照控制要求，绘制控制电路图，运用 S7-200 顺序功能图指令，进行程序设计。

② 根据电工工艺要求和 S7-200 安装接线要求，按照电路图，进行正确的安装、布线和接线。

③ 使用编程软件完成程序的录入、编译和下载，并对控制系统进行在线的调试和监控。

任务一　深孔钻床的电气控制系统设计

【任务描述】

根据图 2-2 所示的深孔钻床工作示意图和图 2-3 电气控制主电路，以及电气控制要求，编写深孔钻床电气控制系统的 I/O 地址分配表，绘制控制电路图，设计控制程序。

【知识链接】

一、顺序功能的绘制

顺序功能图又称为状态转移图，它是描述控制系统的控制过程、功能和特性的一种图形，是 PLC 控制系统进行程序设计的重要工具。

如图 2-4 所示为顺序功能图的一般形式，它主要由步、有向连线、转换、转换条件和任务组成。

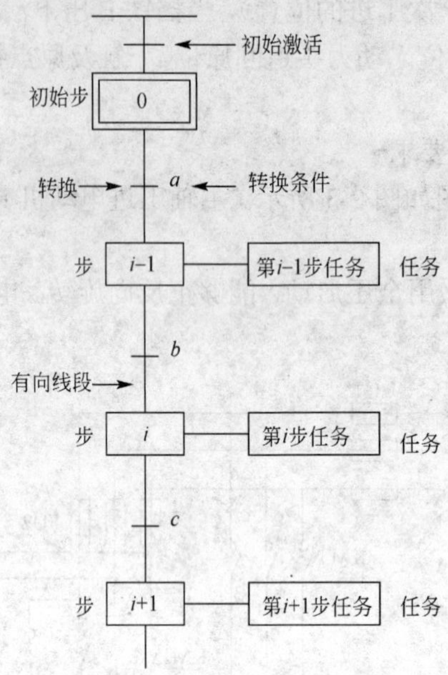

图 2-4 顺序功能图的一般形式

1．步与执行的任务

① 步 在顺序功能图中用矩形框表示步，方框内是该步的编号。各步的编号为 $i-1$、i、$i+1$。编程时一般用 PLC 内部状态继电器来代表各步。

② 初始步 与系统的初始状态相关的步称为初始步。初始状态一般是系统等待启动命令的相对静止状态。初始步用双线方框表示，每一个顺序功能图至少应该有一个初始步。

③ 任务 对应于每一个步，控制系统要执行的具体任务。任务用矩形框中的文字或符号表示，该矩形框应与相应的步的符号相连。

④ 活动步 当系统正处于某一步时，该步处于活动状态，称该步为“活动步”。步处于活动状态时，相应的任务被执行；当步处于非活动步，相应的任务不能执行。当被执行的任务为保持型（如置位 S 指令），则该步转为不活动步时，保持型任务继续维持。

2．有向连线、转换与转换条件

① 有向连线 在顺序功能图中，将代表各步的方框按它们成为活动步的先后次序顺序排列，并用有向连线将它们连接起来。活动状态的进展方向习惯上是从上到下或从左至右，在这两个方向有向连线上的箭头可以省略，如果不是上述的方向，应在有向连线上用箭头注明进展方向。

② 转换 转换是用有向连线上与有向连线垂直的短划线来表示，转换将相邻两步分隔开。

③ 转换条件 转换条件是与转换相关的逻辑条件，转换条件可以用文字语言、布尔代数表达式或图形符号标注在表示转换的短线的旁边。转换条件 I0.0 和 $\overline{\text{I0.0}}$ 分别表示在输入信号 I 为“1”状态和“0”状态时转换实现。

3．顺序功能图的基本结构

① 单序列　单序列由一串相继激活的步组成，每一个步的后面只有一个步可转移，如图 2-5 所示。

② 选择序列　当有两个以上的步可转移时，这些步称为选择序列,如图 2-6 所示。

a．选择序列的开始称为分支，分支处的转换符号只能标在各分支上。例如，步 4 是活动的，并且转换条件 c=1，则发生由步 4→步 5 的进展；如果步 4 是活动的，并且 f=1，则发生由步 5→步 7 的进展。在某一时刻一般只允许选择一个序列。

b．选择序列的结束称为汇合，汇合处的转换符号只能标在各分支上。例如，步 6 是活动步，并且转换条件 e=1，则发生由步 6→步 8 的进展；如果步 7 是活动步，并且 g=1，则发生由步 7→步 8 的进展。

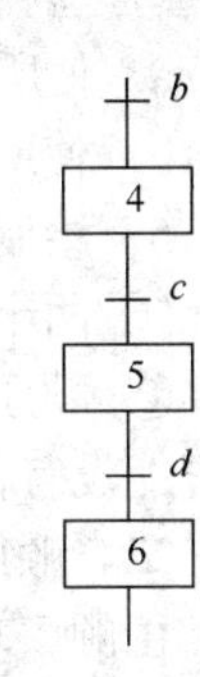

图 2-5　单序列

③ 并行序列　当转换条件的实现导致几个步同时激活时，这些步称为并行序列，并行序列表示系统的几个同时工作的独立部分的工作情况，如图 2-7 所示。

a．并行序列的开始称为分支，分支处的转换符号只能标在主干线上，例如，当步 3 是活动步，并且转换条件 c=1，则 4、6 这两步同时变为活动步，同时步 3 变为不活动步。为了强调转换的同步实现，水平连线用双线表示。步 4、6 被同时激活后，每个序列中活动步的进展将是独立的。

b．并行序列的结束称为汇合，汇合处的转换符号只能标在主干线上。当直接连在双线上的所有前级步 5、7 都处于活动状态，并且转换条件 f=1 时，才会发生步 5、7 到步 8 的进展，即步 5、7 同时变为不活动步，而步 8 变为活动步。

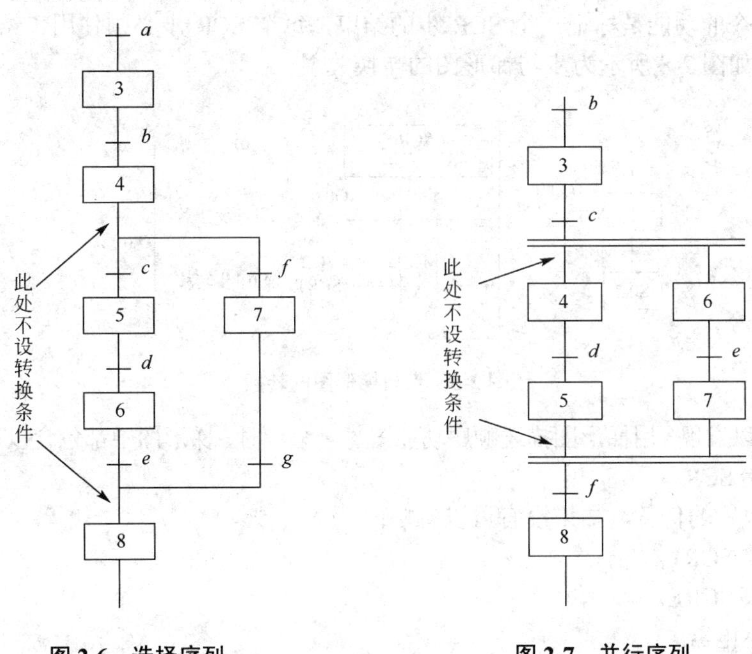

图 2-6　选择序列　　图 2-7　并行序列

4．转换实现的基本规则

① 转换实现的条件　在顺序功能图中，步的活动状态的进展是由转换的实现来完成的。转换实现必须同时满足两个条件：

a．该转换所有的前级步都是活动步；

b．相应的转换条件得到满足。

② 转换实现应完成的操作　转换的实现应完成两个操作：

a．使所有由有向连线与相应转换符号相连的后续步都变为活动步；

b．使所有由有向连线与相应转换符号相连的前级步都变为不活动步。

5．绘制顺序功能图应注意的问题

① 两个步绝对不能直接相连，必须用一个转换将它们隔开。

② 顺序功能图中初始步是必不可少的，它一般对应于系统等待启动的初始状态，这一步可能没有什么动作执行。如果没有该步，无法表示初始状态。

二、顺序功能图到梯形图的转换

由顺序功能图转换到梯形图的方式很多，如：使用通用指令的编程方式、以转换为中心的编程方式和步进梯形指令（Step Ladder Instruction），简称为 STL 指令。

S7-200 提供了专门的 STL 指令：顺序控制继电器指令 SCR。对应顺序功能图中的每一个步，SCR 指令都有一组相应的指令：步开始、步转移和步结束加以描述。具体说明如下。

1．步开始指令 LSCR（Load Sequence Control Relay）

步开始指令的功能是标记某一个步的开始，其操作数是代表当前步的状态继电器 S（如 S0.3），当该状态继电器（S）为 1 时，该步变为活动步。

2．步转移指令 SCRT（Sequence Control Relay Transition）

步转移指令的功能是将当前的活动步切换到下一步。当输入有效时进行活动步的转换，即停止当前的活动步，启动下一个活动步。

3．步结束指令 SCRE（Sequence Control Relay End）

步结束指令的功能是标记一个 SCR 步的结束，每个 SCR 步必须使用步结束指令来表示该步的结束。如图 2-8 所示为步与梯形图的转换关系。

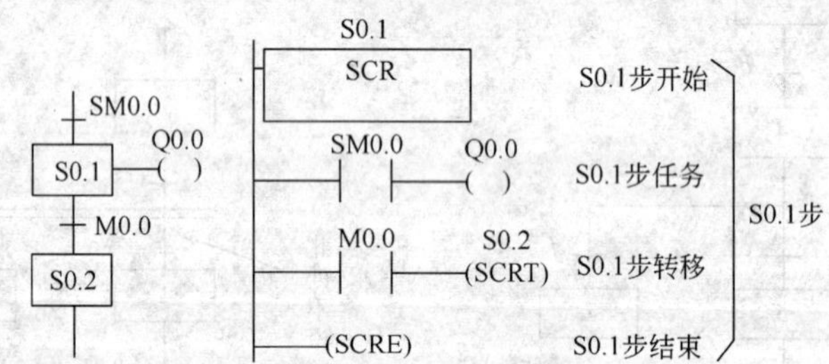

图 2-8　步与梯形图的转换

从图中可以发现，用梯形图描述顺序功能图每一个步时，梯形图中都包含以下四部分指令：

① 步开始 SCR；

② 该步执行的任务，如果没有可以省略；

③ 步转移 SCRT；

④ 步结束 SCRE。

4．状态继电器

状态继电器是顺序功能图编程的重要元件，用来表示各个步的当前状态。S7-200 提供了 256 个状态继电器为：S0.0~S31.7。其使用规则如下。

① SCR 指令的操作数只能是状态继电器(S)。状态继电器可以用于主程序、子程序或中断程序中，但不能重复使用。

② 如果状态继电器(S)没有被 SCR 指令调用，它也可作为内部辅助继电器使用。

【相关案例】

一、单序列顺序控制系统应用案例

两台三相异步电机 M1、M2 采用全压启动，它们的工作过程如下：按下启动按钮 SB2，电机 M1 启动并运转，间隔 10s 后电机 M2 启动并运转；按停止按钮 SB1，电机 M2 停止，间隔 10s 后电机 M1 停止。试采用顺序功能图法设计控制程序。

1．设计思路

在采用顺序功能图设计过程中，要求电机启动后在没有按停止按钮前始终工作，而顺序功能图中只有“活动步”对应的任务被执行。因此可以采用置位/复位指令（S/R）命令控制电机的启动/停止，也可采用将被执行任务在所有相关步中设置的方法（如图 2-10 中的 M0.0、M1.0 和 M2.0 同时控制 M1 运行）。

2．程序设计

① PLC 的 I/O 地址分配表，见表 2-1。

表 2-1　输入/输出电器与 PLC 的 I/O 地址分配表

输入设备			输出设备		
符号	功　能	输入地址	符号	功　能	输出地址
SB2	启动按钮	I0.0	KM1	M1 接触器	Q0.0
SB1	停止按钮	I0.1	KM2	M2 接触器	Q0.1
FR1	电机 M1 热继电器	I0.2			
FR2	电机 M2 热继电器	I0.3			

② 顺序功能图如图 2-9 所示。其中初始激活条件为 SM0.1，这样在 PLC 每次接通电源进入运行状态后，顺序功能图初始步被直接激活。

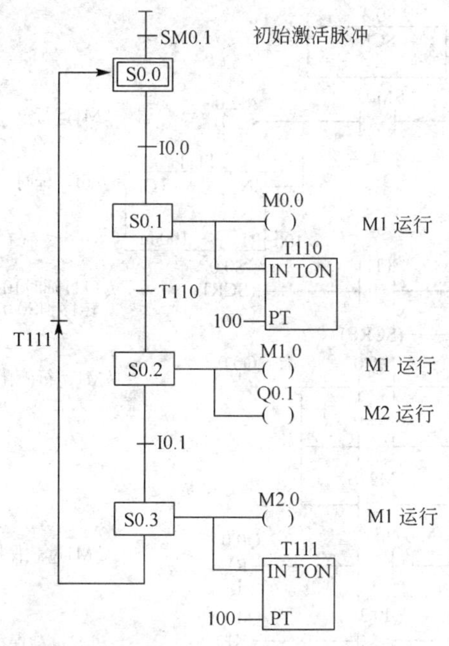

图 2-9　两台电机顺序工作顺序功能图

③ 使用 SCR 指令，将顺序功能图转换为梯形图如图 2-10 所示。

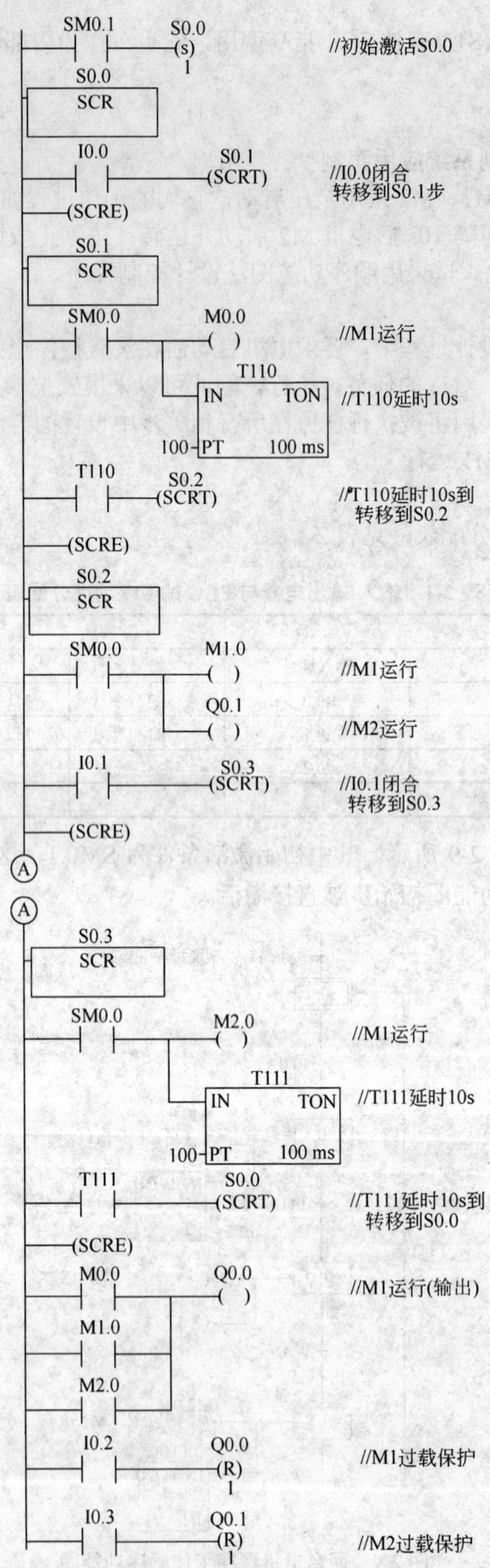

图 2-10　两台电机顺序工作梯形图

二、选择序列顺序控制系统应用案例

小区给水系统，由两台电机分别驱动两台水泵工作，两台水泵采用双机或单机供水。两台三相异步电机 M1、M2 采用全压启动，两台电机的工作过程如下。

① 给水方式选择开关 SA1 置双机供水方式。按启动按钮 SB2，电机 M1、M2 间隔 10s 启动并运行，驱动两台水泵工作；按停止按钮 SB1，两台电机同时停止，水泵停止工作。

② 给水方式选择开关 SA1 置单机供水方式，电机选择开关 SA2 选择电机 M1 或电机 M2 工作。按启动按钮 SB2，电机启动并带动水泵运行；按停止按钮 SB1 电机停止，水泵停止工作。

试采用顺序功能图法设计控制程序。

1．设计思路

在采用顺序功能图设计过程中，采用置位/复位指令（S/R）控制电机的启动/停止。

2．程序设计

① PLC 的 I/O 地址分配表，见表 2-2。

表 2-2 输入/输出电器与 PLC 的 I/O 地址分配表

输入设备			输出设备		
符号	功能	输入地址	符号	功能	输出地址
SB2	启动按钮	I0.0	KM1	M1 接触器	Q0.0
SB1	停止按钮	I0.1	KM2	M2 接触器	Q0.1
SA1	给水方式选择开关	I0.2			
SA2	电机选择开关	I0.3			
FR1	电机 M1 热继电器	I0.4			
FR2	电机 M2 热继电器	I0.5			

② 顺序功能图如图 2-11 所示。在 S0.3 的后侧转换处，设置动断触点 SM0.0 作为转换条件，这可以保证由顺序功能图转换的梯形图程序的完整性。

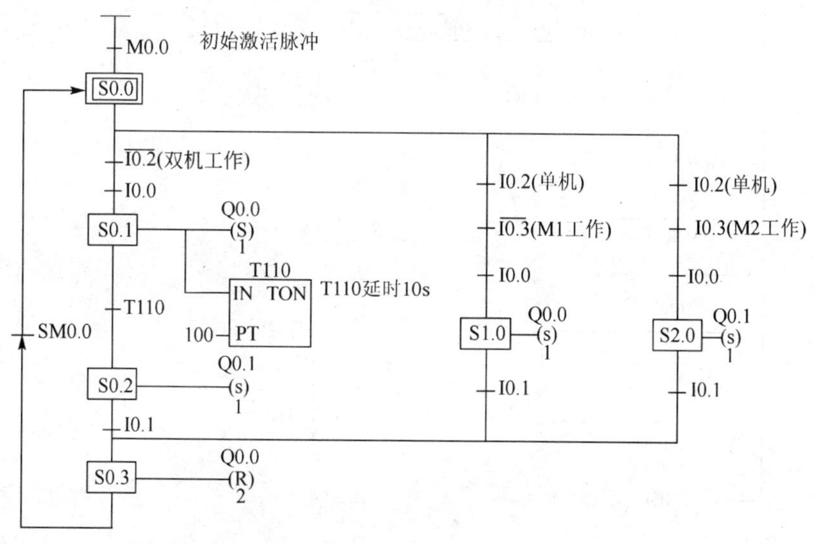

图 2-11 给水控制系统顺序功能图

③ 使用 SCR 指令，将顺序功能图转换为梯形图，如图 2-12 所示。图中初始激活电路采用启动按钮 SB2 的动合触点 I0.0 与顺序功能图中使用的所有状态元件动断触点串联去激活初始状态元件 S0.0。这样可以保证初始激活只能发生在所有状态元件为 0 时，避免由于初始状态元件 S0.0 反复激活，造成的控制系统故障。

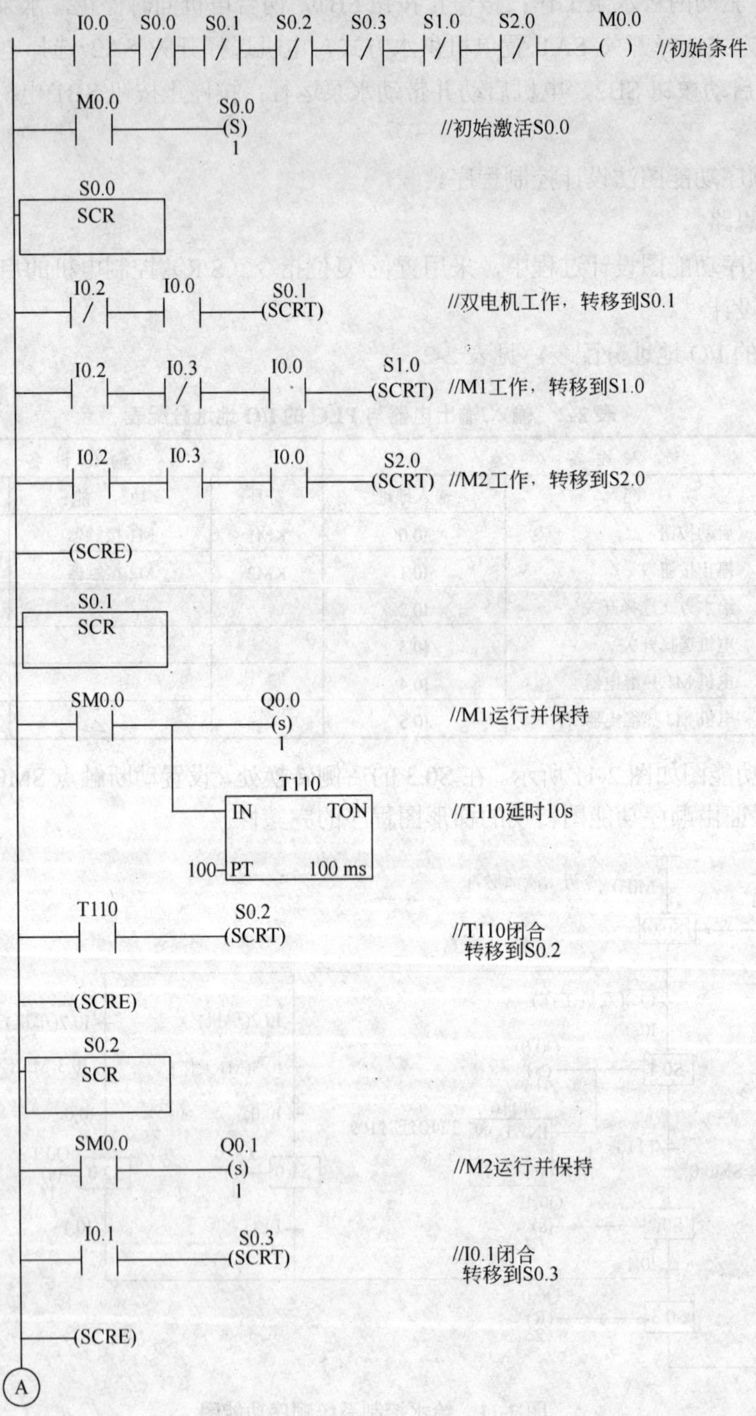

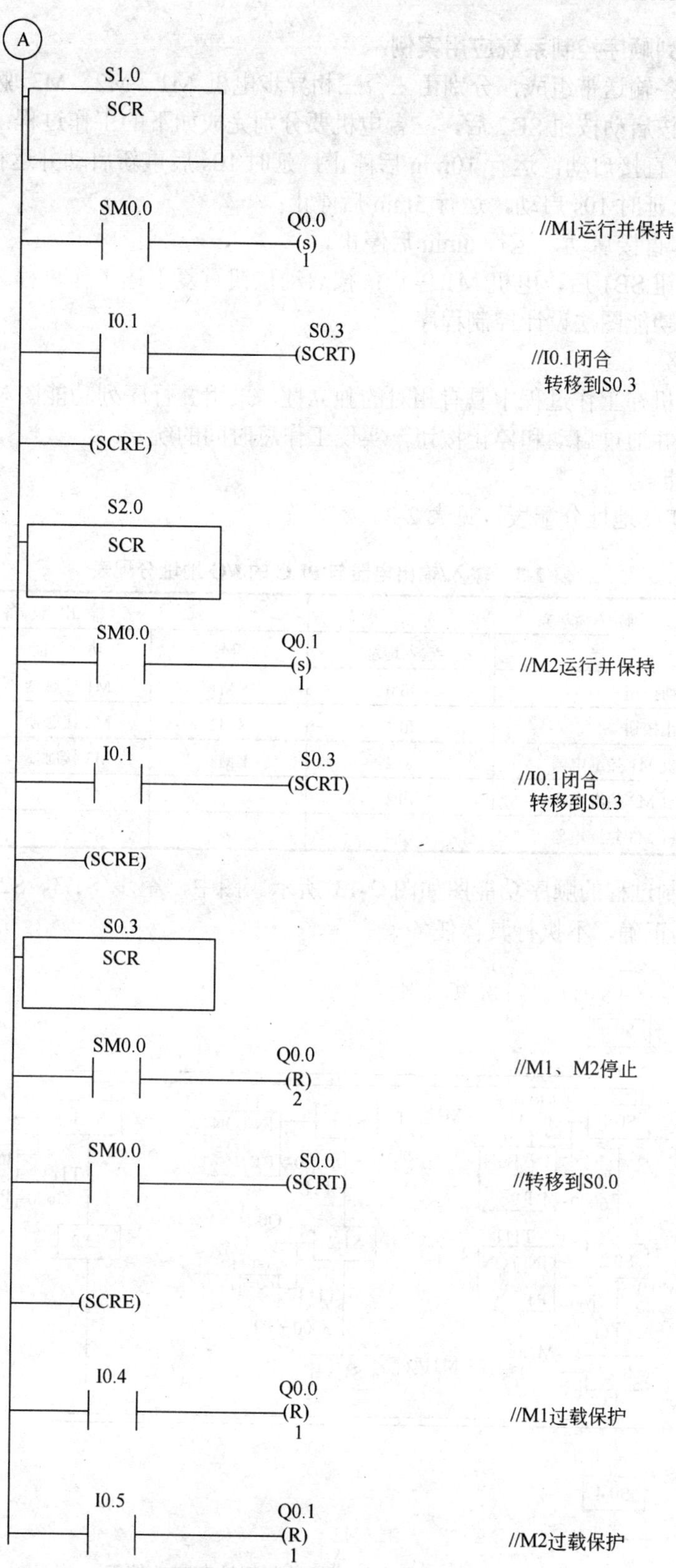

图 2-12　给水控制系统梯形图

三、并行序列顺序控制系统应用案例

输送机由三条输送带组成，分别由三台三相异步电机 M1、M2、M3 驱动，电机采用全压启动方式。当按启动按钮 SB2 后，三台电机要分别完成如下的工作过程：

① 电机 M1 直接启动，运行 10min 后停止，延时 10s 后重新启动并运行；

② 电机 M2 延时 10s 启动，运行 5min 后停止；

③ 电机 M3 直接启动，运行 6min 后停止。

当按停止按钮 SB1 后，电机 M1 停止；按启动按钮重复上述工作过程。

试采用顺序功能图法设计控制程序。

1．设计思路

由于三台电机在工作过程中具有相对的独立性，采用并行序列功能图对三台电机的工作分别进行设计，并通过启动和停止按钮，实现工作总时间的统一。

2．程序设计

① PLC 的 I/O 地址分配表，见表 2-3。

表 2-3 输入/输出电器与 PLC 的 I/O 地址分配表

输入设备			输出设备		
符号	功能	输入地址	符号	功能	输出地址
SB2	启动按钮	I0.0	KM1	M1 接触器	Q0.0
SB1	停止按钮	I0.1	KM2	M2 接触器	Q0.1
FR1	电机 M1 热继电器	I0.2	KM3	M3 接触器	Q0.2
FR2	电机 M2 热继电器	I0.3			
FR3	电机 M3 热继电器	I0.4			

② 系统控制过程的顺序功能图如图 2-13 所示。图中，空步 S1.3、S2.2、S0.4，是保证顺序功能图结构正确，不执行具体任务。

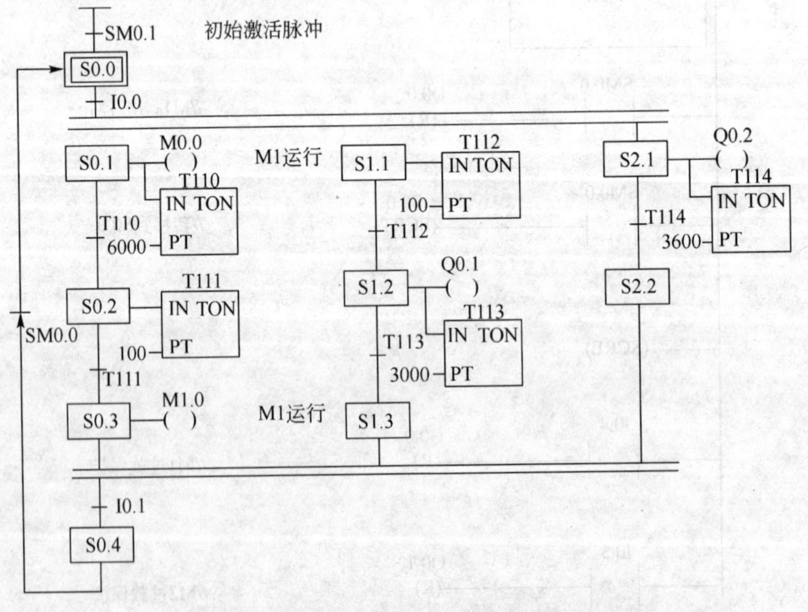

图 2-13 三台电机运行控制系统顺序功能图

③ 使用 SCR 指令，将顺序功能图转换为梯形图，如图 2-14 所示。

SM0.1
S0.0
(s)
1
//初始激活
S0.0
SCR
I0.0
S0.1
(SCRT)
//转移到S0.1
S1.1
(SCRT)
//转移到S1.1
S2.1
(SCRT)
//转移到S2.1
(SCRE)
S0.1
SCR
SM0.0
M0.0
( )
//M1运行
T110
IN
TON
6000
PT
100 ms
T110
S0.2
(SCRT)
//转移到S0.2
(SCRE)
S0.2
SCR
SM0.0
T111
IN
TON
100
PT
100 ms
T111
S0.3
(SCRT)
//转移到S0.3
(SCRE)
A
A
S0.3
SCR
SM0.0
M1.0
( )
//M1运行
(SCRE)

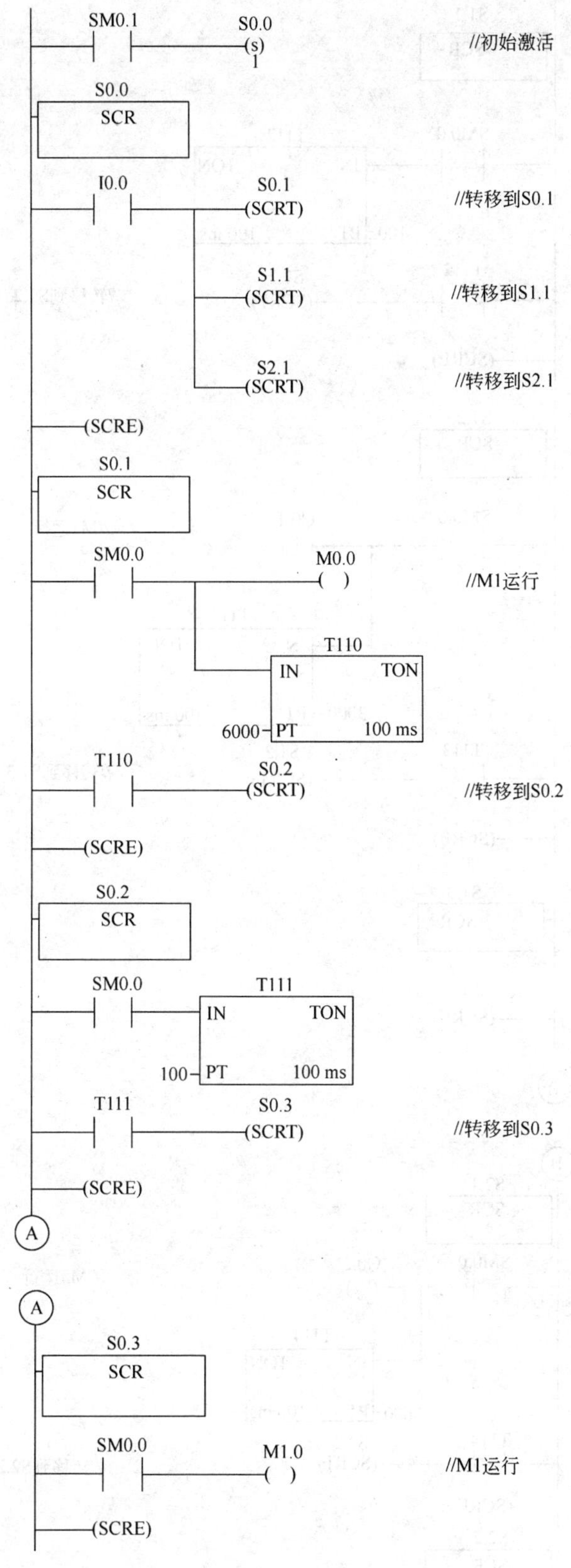

图 2-14

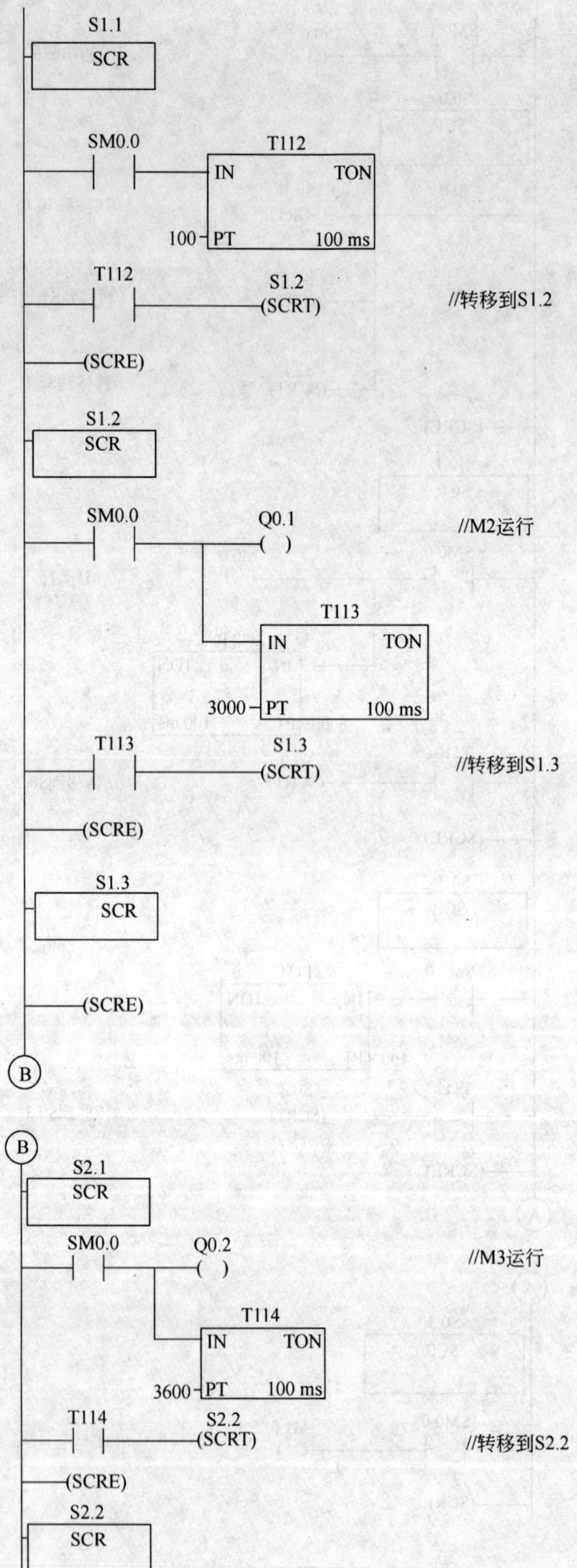
S1.1
SCR
SM0.0
T112
IN
TON
100
PT
100 ms
T112
S1.2
(SCRT)
//转移到S1.2
(SCRE)
S1.2
SCR
SM0.0
Q0.1
( )
//M2运行
T113
IN
TON
3000
PT
100 ms
T113
S1.3
(SCRT)
//转移到S1.3
(SCRE)
S1.3
SCR
(SCRE)
B
B
S2.1
SCR
SM0.0
Q0.2
( )
//M3运行
T114
IN
TON
3600
PT
100 ms
T114
S2.2
(SCRT)
//转移到S2.2
(SCRE)
S2.2
SCR

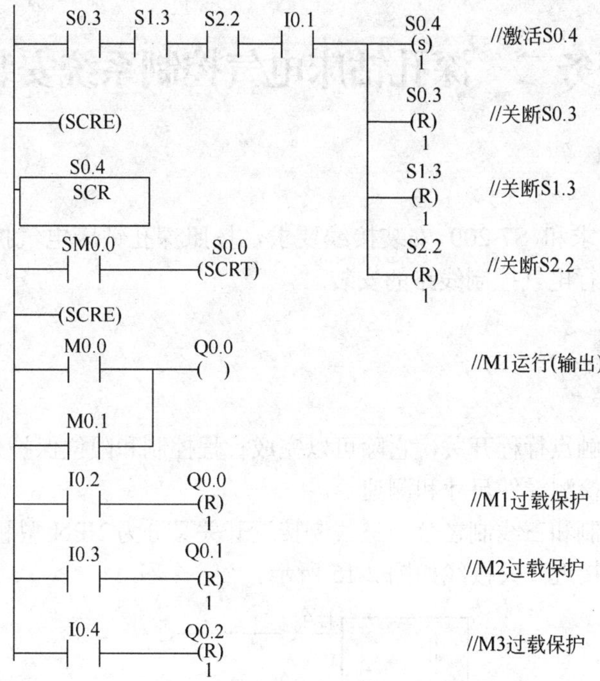

图 2-14　三台电机运行控制系统梯形图

【实施与考核】

一、任务实施

分析深孔钻床电气控制系统控制要求，编写现场信号与 PLC 的 I/O 地址分配表，绘制控制电路，设计 S7-200 控制程序。

1．编写 I/O 地址分配表

分析工作要求，根据深孔钻床电气控制系统输入/输出点与 S7-200 的连接位置，确定各个元件的 I/O 地址，并写入到 I/O 地址分配表中。

2．绘制电路图

根据控制要求，参照深孔钻床电气元件的 I/O 地址分配表和电气主电路，绘制 S7-200 控制电路和相关保护电路。

3．设计控制程序

根据所学到的 S7-200 的顺序功能图和顺序控制指令，运用已知的电气控制知识，进行深孔钻床电气控制系统的编程。

二、考核评价

1．控制电路检查

参照现场信号与 PLC 的 I/O 地址分配表，检查 PLC 控制电路是否正确，保护是否完善。

2．程序验证

按照控制要求，绘制控制系统时序图。结合时序图，按照工作过程分析程序，说明控制程序是否满足控制要求。

3．总体评价

工作结束后，对任务实施过程进行总结评价。

任务二 深孔钻床电气控制系统安装

【任务描述】

根据电工工艺要求和 S7-200 安装接线要求，按照深孔钻床电气控制系统的主电路和S7-200 控制电路，进行电气控制线路的安装。

【知识链接】

一、接近开关

接近开关又称无触点行程开关，它除可以完成行程控制和限位保护外，还是一种非接触型的检测装置，用作检测零件尺寸和测速等。

接近开关有两线制和三线制之分，三线制接近开关又分为 NPN 型和 PNP 型，它们的接线是不同的。两线制接近开关接线如图 2-15 所示。

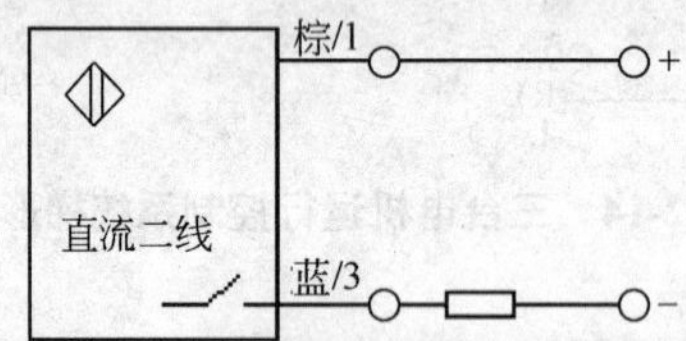

图 2-15 直流输出型两线制接近开关

1．NPN 类

NPN 是指当有信号触发时，信号输出线和电源线连接，相当于输出高电平的电源线，如图 2-16 所示。

① NPN-NO 型：在没有信号触发时，输出线是悬空的；有信号触发时，发出与电源线相同的电压，即输出高电平。

② NPN-NC 型：在没有信号触发时，发出与电源线相同的电压，即输出高电平；当有信号触发后，输出线是悬空的。

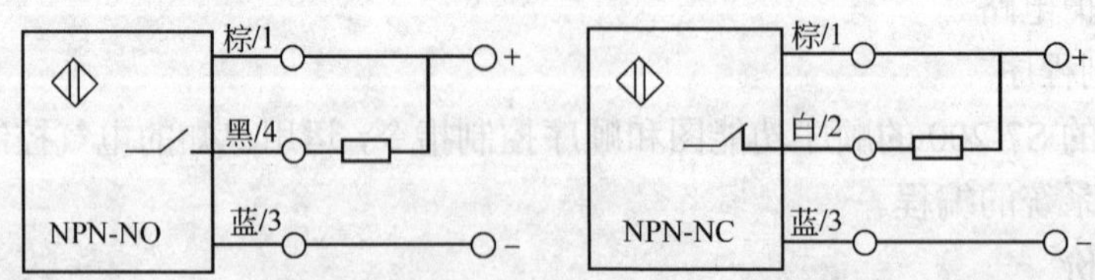

图 2-16 直流输出型三线制 NPN 接近开关

2．PNP 类

PNP 是指当有信号触发时，信号输出线和电源线连接，相当于输出低电平，如图 2-17 所示。

① PNP-NO 型：在没有信号触发时，输出线是悬空的；有信号触发时，发出与零线相同的电压，即输出低电平。

② PNP-NC 型：在没有信号触发时，发出与零线相同的电压，输出低电平；当有信号触发后，输出线是悬空的。

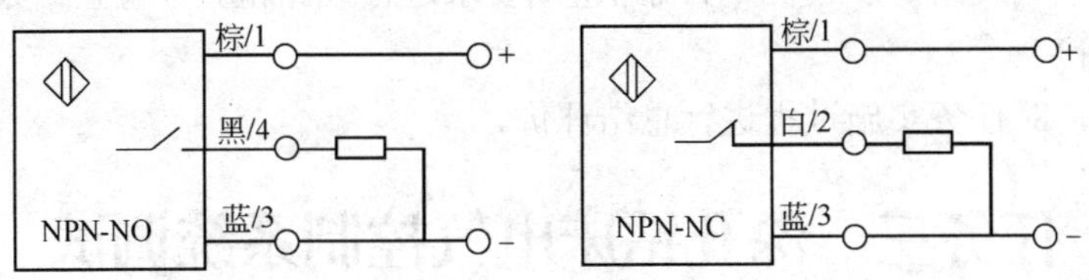

图 2-17　直流输出型三线制 PNP 接近开关

二、S7-200 与接近开关接线

对于 PNP 或 NPN 型输出的接近开关，只要输出电流能达到 PLC 的要求，都可以用于任何型号的 PLC。

S7-200 可以自行选择漏型还是源型接法。采用漏型输入只能用 PNP 接近开关，采用源型输入只能用 NPN 型接近开关。由于 S7-200D 的输入有多组 M 端的，可以每组分共阳、共阴，选择不同类型的接近开关。S7-200 与接近开关接线，如图 2-18 和图 2-19 所示。

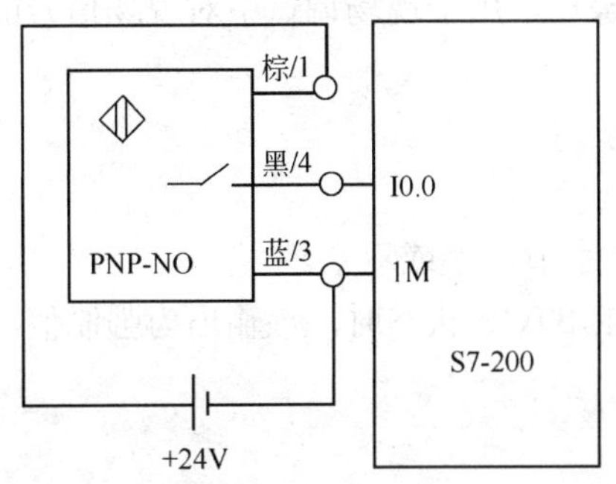

图 2-18　漏型输入时 PNP 接近开关接线图

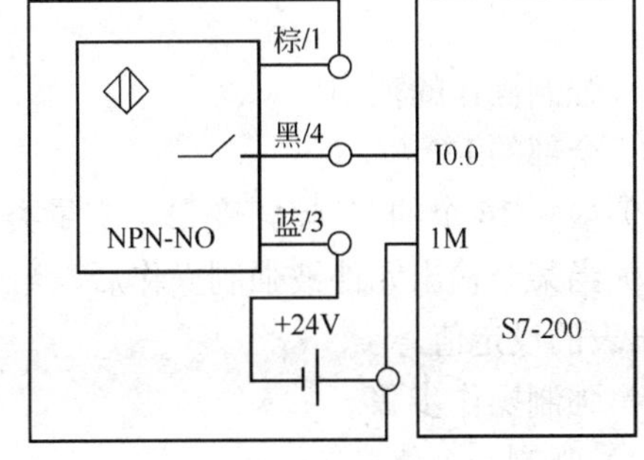

图 2-19　源型输入时 NPN 接近开关接线图

【实施与考核】

一、任务实施

根据深孔钻床电气控制系统主电路和控制电路图，绘制电器位置图、主电路接线图和控制电路接线图。

按照位置图和接线图的要求，参照电气安装任务实施流程，进行电气安装，完成情况填入表 2-4 中。

表 2-4　深孔钻床电气控制线路安装报告单

步序	工作流程	工 作 要 求	完成情况
1	元件检查	电气元件的型号、数量、外观、灵活性、通断、阻值和电压	缺损元件：
2	固定元件	电气元件间距符合要求、排列整齐、牢固防振、无裂纹	完成时间：
3	配线	导线的规格和颜色选择正确、线号齐全、进线和出线合理、布线整齐、导线连接牢固、无损伤	完成时间：
4	线路检测	断电下，万用表对线路通断检查、导线连接有无松动或脱落、限位开关和热继电器是否动作、线路绝缘≥0.5MΩ	检测结果：

二、考核评价

1．安装质量检查

对已安装的电气线路，参照表 2-4 线路检测要求进行线路检查，检查结果写入表 2-4 中。

2．总体评价

工作结束后，对任务实施过程进行总结评价。

任务三　深孔钻床电气控制系统调试

使用 STEP 7-Micro/WIN 编程软件，编写深孔钻床电气控制程序，并下载到 S7-200 中，通过编程软件监控电气控制系统的运行。

【知识链接】

一、S7-200 的强制操作

强制操作是指对状态图中的变量进行强制赋值操作，用于现场调试中对现场信号的远程控制。

1．强制操作的范围

① 全部的 I/O 位。

② 最多 16 个的 V 或 M 变量，变量类型可以是字节、字或双字。

③ 当某个输出元件被强制操作后，当 PLC 处于 STOP 状态时，该输出为强制值，而不是输出表的设定值。

2．强制操作步骤

（1）强制一个值

在状态表中的新值栏输入新值，然后单击工具条中的强制按钮。如图 2-20 所示为电机单向运行控制的强制操作。

图 2-20　强制状态图

（2）读强制操作

打开状态表窗口，单击工具条上的读强制操作按钮，则状态图中被强制的元件，会显示强制符号。

强制 I0.1 为 1，Q0.0 为 1。执行读强制操作，结果如图 2-21 所示。

（3）解除强制操作

① 解除一个强制操作　打开状态图，在当前值栏单击要解除强制元件，点亮这个值，

然后单击工具条中解除强制按钮。

SIMATIC LAD

状态图

	地址	格式	当前数值	新数值
1	I0.0	位	2#1	
2	I0.1	位	2#1	
3	M0.0	位	2#0	
4	T110	位	2#0	
5	T110	带符号	+0	
6	Q0.0	位	2#1	

图 2-21　读强制操作结果

② 解除所有强制操作　打开状态图，单击工具条中解除强制操作按钮。

二、故障诊断

PLC 本身具有很完善的自诊断功能，一般的编译错误在下载前会有提示，如出现程序运行故障或硬件故障，借助自诊断功能 PLC 可以给出错误代码，依据错误代码，可以方便地找到错误程序位置和出现故障的部件。

将图 2-22 所示故障程序编辑并下载至 PLC。

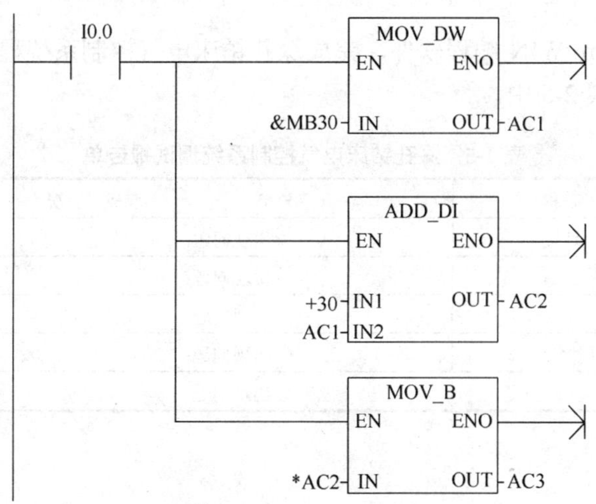

图 2-22　PLC 运行错误程序

1．故障现象

运行程序时 MOV_B 指令盒变红，其能流输出 ENO=0 断开。

2．查看错误代码

单击主菜单条中的“PLC\信息”，显示错误代码（0006）及在程序中的位置（在主程序中，位于网络 1）。如图 2-23 所示。

3．错误原因

使用地址指针间接寻址来存取存储器中的数据，需注意各数据存储区的地址范围。若超出地址范围，就会出现程序运行错误。例如，M 存储器的地址范围是 MB0～MB31，程序中以*AC2 为地址指针的 MB60 超出 M 存储器的地址范围，不能工作。

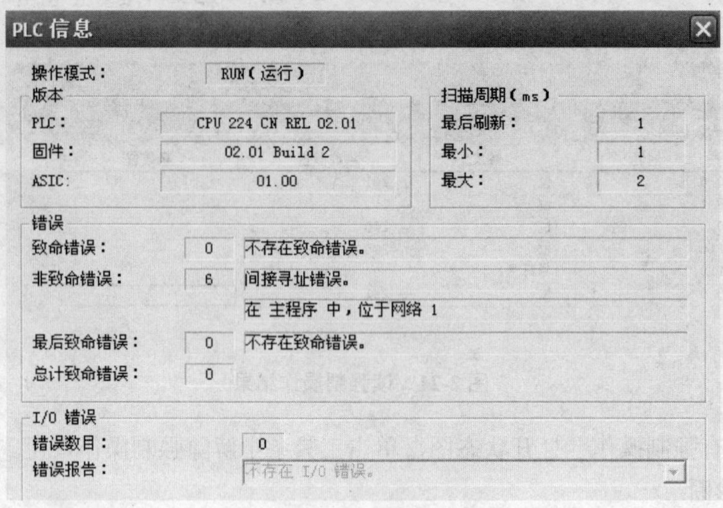

图 2-23 PLC 运行错误信息

【实施与考核】

一、任务实施

使用 STEP 7-Micro/WIN 编程软件，完成深孔钻床电气控制系统程序编辑、下载和监控任务。完成情况填入表 2-5 中。

表 2-5 深孔钻床电气控制系统调试报告单

步序	工作流程	完成情况	
1	S7-200 与 PC 连接	出现问题：	完成时间：
2	建立项目	出现问题：	完成时间：
3	编写程序	出现问题：	完成时间：
4	编译和下载程序	出现问题：	完成时间：
5	运行监控	出现问题：	完成时间：

二、考核评价

1．故障诊断

如果程序不能运行，且通过全部编译没有语句错误，则单击主菜单中的“PLC\信息”，检查是否出现错误代码及在程序中的位置。根据错误代码修改错误，重新运行。

2．结果分析

按照控制要求，进行模拟运行和空载运行，记录运行结果，分析控制程序是否满足要求。

3．总体评价

工作结束后，对任务实施过程进行总结评价。

学习情境三

输送机的电气设计、安装和调试

【情境描述】 灌装生产线主要用于食品饮料的自动灌装和打包，该生产线由一台灌装机和一台打包机组成，如图 3-1 和图 3-2 所示。

图 3-1 全自动液体灌装机

图 3-2 全自动打包机

灌装机由一台 CPU224 控制，打包机由一台 CPU222 控制。灌装生产线控制系统要求如下。

① 灌装机：由清洗、灌装和压封三个工位组成，由液压泵电机、灌装电机和输送电机驱动，通过按钮、光电开关控制，实现自动灌装。

② 打包机：由升降台、压紧架、喂线装置等组成，由液压装置驱动，通过按钮、光电开关控制，实现自动包装。

③ 灌装机除了完成灌装工作外，还负责两台设备之间网络通信。灌装机负责的通信任务如下。

a. 实时检测打包机的包装数量，当打包机包装完 200 件时，灌装机发出计数清零命令，该台打包机重新计数。

b. 当灌装机开机后，自动开启打包机；当灌装机停止时，给打包机发出停止命令，待打包机包装结束，自动停车。

c. 当打包机检测到错误信号时，灌装机自动停止。

学习过程中需要完成的工作任务如下。

① 按照控制要求，绘制电气控制电路图，运用 S7-200 通信指令，进行网络通信设计。

② 根据电工工艺要求和 S7-200 安装接线要求，按照电路图，进行正确的安装、布线和网络连接。

③ 将 CPU224 与 CPU222 通过 PPI 电缆，进行连接和设置，使用编程软件完成程序的录入、编译和下载，并对控制系统进行在线的调试和监控。

任务一 输送机电气控制系统设计

根据包装生产线控制要求，设计灌装机 CPU224 与打包机 CPU222 通过 PPI 网络的通信

控制程序，灌装机和打包机各自的工作程序。

一、S7-200 通信协议

S7-200 采用异步串行通信方式，传送数据格式为 10 位或 11 位。使用的协议有 PPI、MPI、Profibus DP、ASI 和自由口等，它们是公司专用协议，用于现场控制。

1．PPI 协议

PPI 是一个主/从协议。主站可以向网络的其他设备发出初始化申请，从站只能响应主站的申请，不能对网络的其他设备发出初始化申请。主站可以是其他主机（如 S7-300）、计算机或 TD200 文本显示器。网络中的所有 S7-200 都默认为从站。如图 3-3 所示，为单主站 PPI 网络，图中计算机是主站，S7-200 是从站。

如果程序中允许某台 S7-200 为 PPI 主站模式，则在 RUN 模式下可以作为主站。它可以利用通信指令来读写其他主机，同时还可以作为从站来响应其他主站的申请或查询。如图 3-4 所示，为多主站 PPI 网络。

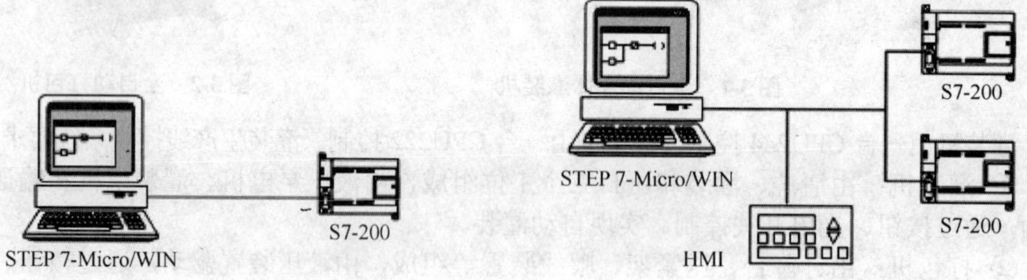

图 3-3 单主站 PPI 网络示意图　　图 3-4 多主站 PPI 网络示意图

PPI 协议并不限制与任意一个从站通信的主站数量，但是在一个网络中，站点的个数不能超过 32。

2．MPI 协议

MPI 允许主/主通信和主/从通信协议，组成多主站网络。主站可以是计算机和 S7-300 等，S7-200 只能作 MPI 从站，即 S7-200 之间不能通过 MPI 网络互相通信。

MPI 协议不能与一个作为 PPI 主站的 S7-200 通信，STEP 7-Micro/WIN 也不能通过 MPI 协议访问作为 PPI 主站的 S7-200。

在 MPI 网络上最多可以有 32 个站，一个网段的最长通信距离为 50m，多用于上位机和少量 PLC 之间近距离通信。

3．Profibus DP 协议

Profibus DP 协议用于现场级控制系统与分布式 I/O 及其他现场级设备之间的高速通信。最高传送速率可达 12Mbps。

S7-200 可以通过 EM277 通信模块连入 Profibus-DP 网，主站通过 EM277 对 S7-200 进行读/写数据。由于 M277 只能作为从站，所以两个 EM277 之间不能通信。

4．ASI 协议

ASI 是用在控制器（主站）和传感器/执行器（从站）之间双向交换信息的总线网络。

一个 ASI 总线系统通过它主站中的网关可以和多种现场总线（如 FF、Profibus、CANbus）

相连接。ASI 总线主要运用于具有开关量特征的传感器和执行器系统。

5．自由口通信协议

用户通过 PLC 指令自定义通信协议，从而与任何公开通信协议的 RS-422 或 RS-232C 接口设备进行通信。

当 S7-200 处于 STOP 模式时，自由口模式被禁止；处于 RUN 模式时，才能进行自由口通信。处于自由口通信模式时，S7-200 不能与编程设备通信。

二、PPI 通信指令

S7-200 中的特殊辅助继电器 SMB30（SMB130）用于设定通信端口 0（端口 1）的通信方式。其中它的低 2 位决定通信协议，当 SMB30（SMB130）的低 2 位为 2#10，则该 PLC 为主站模式。

1．网络读写指令 NETR/NETW

S7-200 在 PPI 主站模式下可以通过网络读指令 NETR 和网络写指令 NETW，读写其他 PLC 的数据。指令格式见表 3-1。

表 3-1　数据读写指令格式

LAD	STL	功能描述
NETR EN　ENO ????-TBL ????-PORT	NETR TBL,PORT	当允许输入 EN 有效时，初始化通信操作，通过指定端口 PORT（0、1）从远程设备接收数据，并形成数据表 TBL。网络读指令可以从远程站点读取最多 16 个字节的信息
NETW EN　ENO ????-TBL ????-PORT	NETW TBL,PORT	当允许输入 EN 有效时，初始化通信操作，通过指定端口 PORT（0、1），将数据表 TBL 中数据发送到远程设备。网络写指令可以向远程站点写最多 16 个字节的信息。

说明如下。

① 使 ENO=0 的错误条件：0006（间接寻址）；出错信息，E=1，见表 3-3。

② 在程序中可以使用多条网络读写指令，但是在同一时间，最多只能有 8 条网络读写指令被激活。

③ 可以使用网络读写向导编写通信程序。在 STEP7-Micro/WIN 菜单栏中选择“工具\指令向导”，并且在指令向导窗口中选择网络读写。

2．数据表格式

在执行网络读写指令时，传送数据表的格式如表 3-2 所示。

表 3-2　传送数据表格式

字节偏移地址	字节名称	说明
0	状态字节	网络通信指令的执行状态和错误码
1	远程设备地址	被访问的 PLC 从站地址
2	远程设备数据指针	被访问数据的间接指针 指针可以指向 I、Q、M 和 V 数据区
3		
4		
5		
6	数据长度	远程设备被访问的数据长度

续表

字节偏移地址	字节名称	说明
7	数据字节 0	执行 NETR 指令后，存放从远程设备接收的数据 执行 NETW 指令前，存放向远程设备发送的数据
8	数据字节 1	
⋮	⋮	
22	数据字节 15	

3．错误代码

传送数据表 3-2 中的第一个字节为状态字节，它反映通信操作的状态，每个位的含义如表 3-3 所示。

表 3-3 每个位的含义

D（b7）	A	E	0	E1	E2	E3	E4（b0）
0：操作未完成	0：排队无效	0：无错误	不用	错误代码			
1：操作完成	1：排队有效	1：错误					

在执行通信指令时，如果 E=1，则由 E1E2E3E4 返回一个错误代码，见表 3-4。

表 3-4 错误代码表

E1E2E3E4	错误代码	说明
0000	0	无错误
0001	1	时间溢出错：远程站点不响应
0010	2	接收错误：奇偶校验错，响应时帧或校验和出错
0011	3	离线错误：相同的站地址或无效的硬件引发冲突
0100	4	队列溢出错误：激活了超过 8 个 NETR/NETW 指令
0101	5	违反通信协议：没有在 SMB30(SMB130)中允许 PPI，就执行 NETR/NETW 指令
0110	6	非法参数：NETR/NETW 表中包含非法或无效的值
0111	7	没有资源：远程站点正在忙中（上装或下装程序在处理中）
1000	8	第 7 层错误：违反应用协议
1001	9	信息错误：错误的数据地址或不正确的数据长度
1010~1111	A~F	预留，未用

【相关案例】

一条包装生产线由一台灌装机和两台打包机组成。三台设备除了完成各自的工作外，灌装机还负责三台设备之间网络通信任务：

① 实时检测两台打包机的包装数量，当某台打包机包装完 1000 件时，灌装机发出计数清零命令，该台打包机重新计数；

② 当某台打包机检测到错误信号时，灌装机自动停止。

试用 PPI 通信指令配置 PPI 网络,实现三台 PLC 的通信控制。

1．设计思路

灌装机由一台 CPU224 控制，两台打包机分别由两台 CPU222 控制。PPI 网络连接如图 3-5 所示。

① 灌装机设为 PPI 主站模式。通过 NETR 读取两台打包机的信息，通过 NETW 发出命

令信息。灌装机接收和发送缓冲区地址分配表，如表 3-5 所示。

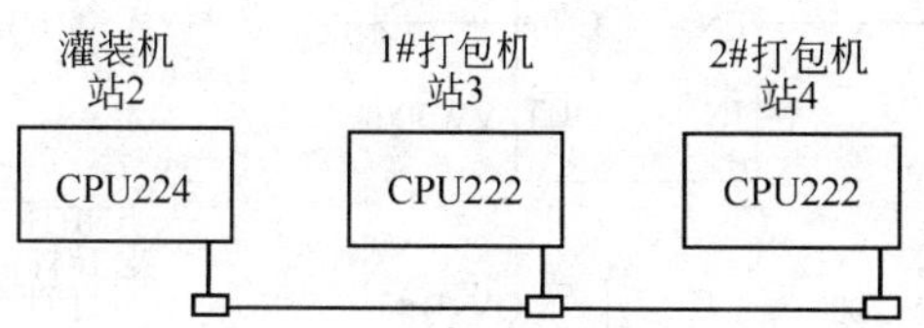

图 3-5　包装生产线网络连接示意图

表 3-5　灌装机接收和发送缓冲区地址分配表

<table>
<tr><th colspan="6">接收缓冲区</th><th colspan="6">发送缓冲区</th><th>用途</th></tr>
<tr><td>VB200</td><td>D</td><td>A</td><td>E</td><td>0</td><td>错误代码</td><td>VB300</td><td>D</td><td>A</td><td>E</td><td>0</td><td>错误代码</td><td rowspan="7">用于 1#打包机</td></tr>
<tr><td>VB201</td><td colspan="5">3（1#打包机站地址）</td><td>VB301</td><td colspan="5">3（1#打包机站地址）</td></tr>
<tr><td>VD202</td><td colspan="5">&VB100（指向 1#打包机数据的指针）</td><td>VD302</td><td colspan="5">&VB200（指向 1#打包机数据的指针）</td></tr>
<tr><td>VB206</td><td colspan="5">3（接收数据长度=3 字节）</td><td>VB306</td><td colspan="5">1（发送数据长度=1 字节）</td></tr>
<tr><td>VB207</td><td colspan="5">存放 1#打包机状态信息数据</td><td rowspan="2">VB307</td><td>b7</td><td colspan="2">……</td><td>b1</td><td>b0</td></tr>
<tr><td>VW208</td><td colspan="5">存放 1#打包机计数器当前值</td><td colspan="4">未用</td><td>1：清零</td></tr>
<tr><td>VB210</td><td>D</td><td>A</td><td>E</td><td>0</td><td>错误代码</td><td>VB310</td><td>D</td><td>A</td><td>E</td><td>0</td><td>错误代码</td></tr>
<tr><td>VB211</td><td colspan="5">4（2#打包机站地址）</td><td>VB311</td><td colspan="5">4（2#打包机站地址）</td><td rowspan="6">用于 2#打包机</td></tr>
<tr><td>VD212</td><td colspan="5">&VB100（指向 2#打包机数据的指针）</td><td>VD312</td><td colspan="5">&VB200（指向 2#打包机数据的指针）</td></tr>
<tr><td>VB216</td><td colspan="5">3（接收数据长度=3 字节）</td><td>VB316</td><td colspan="5">1（发送数据长度=1 字节）</td></tr>
<tr><td>VB217</td><td colspan="5">存放 2#打包机状态信息数据</td><td rowspan="2">VB317</td><td>b7</td><td colspan="2">……</td><td>b1</td><td>b0</td></tr>
<tr><td>VW218</td><td colspan="5">存放 2#打包机计数器当前值</td><td colspan="4">未用</td><td>1：清零</td></tr>
</table>

② 两台打包机设为从站，每台打包机都将工作状态信息、计数器当前值和接收到的灌装机命令存放在各自指定的数据区中。如表 3-6 所示。

表 3-6　打包机状态信息和接收信息缓冲区地址分配表

<table>
<tr><th colspan="5">状态信息缓冲区</th><th colspan="5">接收信息缓冲区</th></tr>
<tr><td rowspan="2">VB100</td><td>b7</td><td>……</td><td>b1</td><td>b0</td><td rowspan="2">VB200</td><td>b7</td><td>……</td><td>b1</td><td>b0</td></tr>
<tr><td colspan="2">未用</td><td>1：无产品</td><td>1：错误</td><td colspan="3">未用</td><td>1：清零</td></tr>
<tr><td>VB101</td><td colspan="4">计数器高位字节</td><td></td><td colspan="4"></td></tr>
<tr><td>VB102</td><td colspan="4">计数器低位字节</td><td></td><td colspan="4"></td></tr>
</table>

2．梯形图

灌装机与两台打包机通信程序如下（这里灌装机和打包机各自的工作程序省略）。

① 灌装机对 1#打包机的网络通信梯形图程序（见图 3-6）。

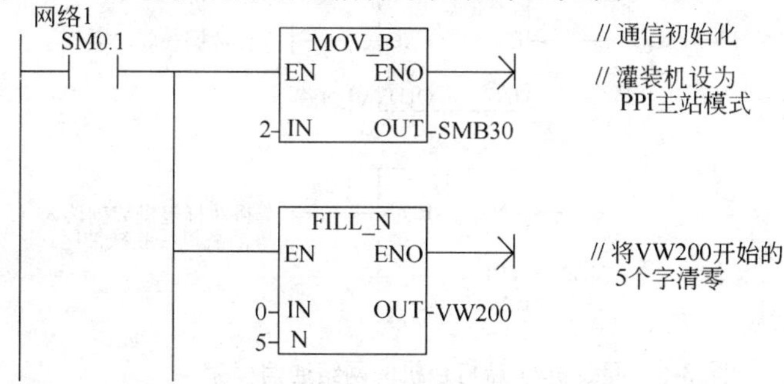

图 3-6

FILL_N
EN ENO
0-IN OUT-VW300
5-N
// 将VW300开始的5个字清零

网络2
V200.7 VW208 ==I 1000
// 当NETR完成标志V200.7=1且1#打包机包装完1000件进行网络写操作

MOV_B EN ENO 3-IN OUT-VB301 // 1#打包机站地址3写入VB301

MOV_DW EN ENO &VB200-IN OUT-VD302 // 1#打包机接收缓冲区指针

MOV_B EN ENO 1-IN OUT-VB306 // 发送数据长度=1字节

MOV_B EN ENO 1-IN OUT-VB307 // 装载发送数据VB307=1用于1#打包机计数器清零

NETW EN ENO VB300-TBL 0-PORT // 将发送缓冲区VB300开始的数据发送到1#打包机

A

A

网络3
SM0.1 / V200.6 / V200.5 /
// 避开初始化扫描周期当通信无错，排队无效时进行网络读操作

MOV_B EN ENO 3-IN OUT-VB201 // 1#打包机站地址3写入VB201

MOV_DW EN ENO &VB100-IN OUT-VD202 // 1#打包机状态信息缓冲区指针

MOV_B EN ENO 3-IN OUT-VB206 // 读数据长度=3字节

NETR EN ENO VB200-TBL 0-PORT // 将1#打包机数据读入灌装机接收缓冲区

图 3-6 灌装机对 1#打包机的网络通信程序

灌装机自动停止控制：将接收到的1#和2#打包机的状态信息，动断触点V207.0和V217.0

串接到灌装机主程序的停止电路中，当1#或2#打包机检测到错误信号时，灌装机自动停止（程序略）。

灌装机对2#打包机的网络通信程序可参照上述程序和表3-5进行编写。

② 1#和2#打包机的网络通信任务

a. 设为PPI从站模式。

b. 将工作状态信息写入各自VB100相应的位中。

c. 计数器当前值写入各自的状态信息缓冲区中：通过传送指令将计数器当前值的高8位写入VB101，低8位写入VB102。

d. 将动合触点V200.0接入各自包装数量计数器复位端，实现1#和2#打包机的计数器清零控制（程序略）。

3．工作过程

灌装机对1#打包机的网络通信过程如下。

① 初始化：在PLC置RUN状态的第一个扫描周期，将CPU224（灌装机）设为PPI主站模式，两台CPU222（包装机）默认为PPI从站模式，并对发送和接收缓冲区数据清零。

② 写操作：当通信操作完成，且1#打包机包装数=1000时，将发送缓冲区数据VB307写入1#打包机接收缓冲区VB200。

③ 读操作：避开初始化时间，当通信排队无效，且通信无错误时，连续地将1#打包机状态信息（VB100）和计数器当前值（VB101、VB102）读入灌装机接收缓冲区VB207和VW208。

【实施与考核】

一、任务实施

分析灌装生产线电气控制系统控制要求和网络通信要求，编写现场信号与PLC的I/O地址分配表，绘制控制电路，设计S7-200控制程序。

1．编写I/O地址分配表

分析工作要求，根据灌装生产线电气控制系统输入/输出点与S7-200的连接位置，确定各个元件的I/O地址，并写入到I/O地址分配表中。

2．绘制电路图

参照灌装生产线电气元件的I/O地址分配表和电气主电路，根据控制要求和PPI通信要求，绘制S7-200控制电路、网络连接电路和相关保护电路。

3．设计控制程序

根据所学到的S7-200的通信指令、PPI网络知识和已知的电气控制知识，进行灌装生产线电气控制系统的编程。

二、考核评价

1．控制电路检查

参照现场信号与PLC的I/O地址分配表，检查PLC控制电路是否正确，通信设置是否合理，保护是否完善。

2．程序验证

按照控制要求，分析工作程序过程，说明控制程序是否满足控制要求。

3．总体评价

工作结束后，对任务实施过程进行总结评价。

任务二　输送机电气控制系统安装

【任务描述】

根据电工工艺安装标准和S7-200 安装接线要求，按照灌装生产线电气控制系统的控制电路和网络要求，对灌装生产线电气控制系统进行电气元件检查、固定元件、安装配线、网络安装和线路检测等工作。

【知识链接】

STEP7-Micro/WIN 支持的通信器件如表 3-7 所示。

表 3-7　STEP7-Micro/WIN 支持的通信器件

通信器件	功　能	波特率/kbps	协　议
RS-232/PPI 多主站或 USB/PPI 多主站电缆	连接到编程站的一个端口	9.6~187.5	PPI
PC 适配器 USB	V1.1 或更高版本 USB 端口	9.6~187.5	PPI、MPI、Profibus
CP 5512	类型Ⅱ，PCMCIA 卡（笔记本电脑用）	9.6~12	PPI、MPI、Profibus
CP5611	PCI 卡(版本 3 或更高)	9.6~12	PPI、MPI、Profibus
端口 0	串行通信口 0	9.6/19.2/187.5	PPI、高级 PPI、MPI、Profibus
端口 1	串行通信口 1		
EM277 模块	Profibus DP 通信模块	9.6~12	高级 PPI、MPI、Profibus

1．通信端口

S7-200 的串行通信端口为标准的 RS-485 串行接口，符合欧洲标准 EN50170 中 Profibus 标准的 RS-485 兼容 9 针 D 型连接器。如图 3-7 所示。

2．网络连接器

网络连接器用于将多个设备连接到网络中。西门子提供两种网络连接器：标准网络连接器和带编程接口的连接器。带编程接口的连接器上增加了一个编程接口，允许再连接一个编程器或一个 HMI 设备到网络中。带编程接口的连接器将 S7-200 的所有信号（包括电源）传到编程接口。对于需要从 S7-200 取电源的设备（例如 TD200）提供方便。

两种连接器都有接线端子，用来连接输入和输出电缆。两种连接器也都有网络偏置和终端匹配的选择开关。典型的网络连接器偏置和终端如图 3-8 所示。

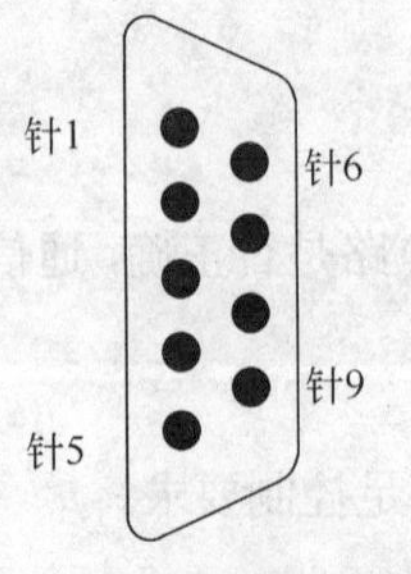

图 3-7　RS-485 串行接口外形

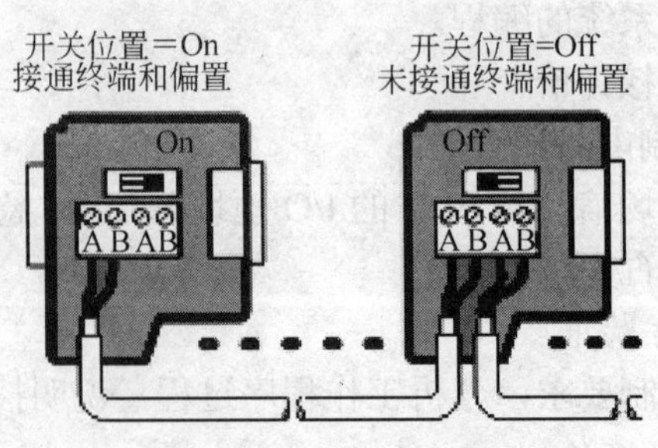

图 3-8　网络连接器外形

3．通信电缆

STEP 7-Micro/WIN 支持多种 CP 卡以及网络电缆、RS-232/PPI 多主站电缆和 USB/PPI 多主站电缆。

① 网络电缆：Profibus DP 网络使用 RS-485 标准屏蔽双绞线电缆。根据波特率不同，网络段的最大长度可以达到 1200m。

② USB/PPI 多主站电缆是一种即插即用设备，可连接具有 USBV1.1 接口的计算机。支持波特率在 187.5 kbps 以下通信，将 PPI 电缆设为接口并选用 PPI 协议，然后在计算机接连标签下设置 USB 端口即可。但不能同时将多根 USB/PPI 多主站电缆连接到计算机上。

③ RS-232/PPI 多主站电缆带有 8 个 DIP 开关，其中 2 个用来配置电缆。

a. 如果将电缆连到计算机上，则需选择 PPI 模式（开关 5=1）和本地操作（开关 6=0）。

b. 如果将电缆连在调制解调器上，则需选择 PPI 模式（开关 5=1）和远程操作（开关 6=1）。

在计算机接连标签下设置 RS-232 端口，在 PPI 标签下，选站地址和网络波特率即可。RS-232/PPI 多主站电缆外形如图 3-9 所示。

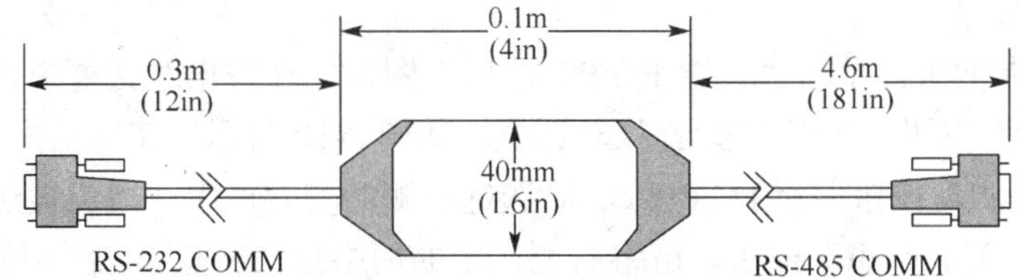

图 3-9 RS-232/PPI 多主站电缆

【实施与考核】

一、任务实施

根据灌装生产线电气控制系统控制电路图和网络要求，绘制电器位置图、网络接线图和控制电路接线图。

按照位置图和接线图的要求，参照电气安装任务实施流程，进行电气安装，完成情况填入表 3-8 中。

表 3-8 灌装生产线电气控制线路安装报告单

步序	工作流程	工 作 要 求	完成情况
1	元件检查	电气元件的型号、数量、外观、灵活性、通断、阻值和电压	缺损元件：
2	固定元件	电气元件间距符合要求、排列整齐、牢固防振、无裂纹	完成时间：
3	配线	导线的规格和颜色选择正确、线号齐全、进线和出线合理、布线整齐、导线连接牢固、无损伤	完成时间：
4	网络安装	电缆安装可靠，设置正确；连接的 S7-200 通信接口正确，布线合理	完成时间：
5	线路检测	断电下，万用表对线路通断检查、导线连接有无松动或脱落、限位开关和热继电器是否动作、线路绝缘≥0.5MΩ	检测结果：

二、考核评价

1．安装质量检查

对已安装的电气线路，参照表 3-8 线路检测要求进行线路检查，检查结果写入表 3-8 中。

2．总体评价

工作结束后，对任务实施过程进行总结评价。

任务三　输送机电气控制系统调试

【任务描述】

使用 STEP 7-Micro/WIN 编程软件，建立项目，编写灌装生产线电气控制程序和网络通信程序，并下载到 S7-200 中，通过编程软件监控控制系统的运行。

【知识链接】

通过 STEP 7-Micro/WIN 软件，可对网络通信进行参数设置。下面以 PPI 协议为例，介绍参数设置方法。

1．通信协议选择

在计算机控制面板，单击“设置 PG/PC 接口”图标，在弹出对话框中，在 Add/Remove 区，单击“Select”按钮，弹出安装/删除对话框，如图 3-10 所示。在对话框左侧选择 PC/PPI cable，单击“Install”按钮，将 PC/PPI cable 选进右侧的安装框中，成为被选用的网络接口。

同理，单击“Uninstall”按钮，可将右侧选中的网络接口删除。

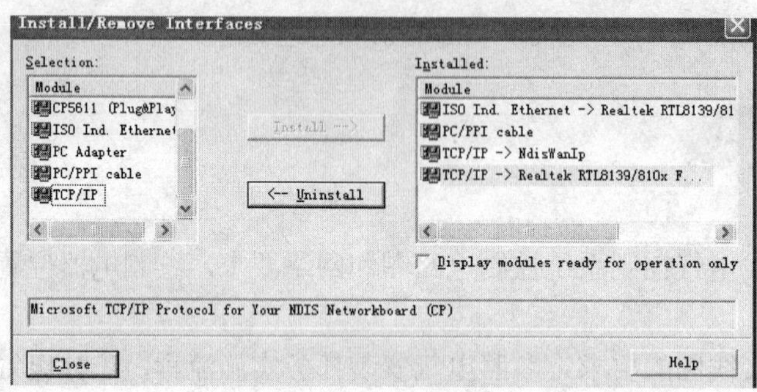

图 3-10　安装/删除对话框

2．STEP 7-Micro/WIN 通信参数设置

单击“设置 PG/PC 接口”图标，在弹出的对话框中，单击“Properties”按钮，弹出属性设置对话框。

① 单击“PPI”标签，显示 PPI 选项，参见图 3-11。该选项可对站地址（Address）、超时时间（Time out）和传送速率（Transmission Rate）等通信参数进行设置。同一网络上所有设备的波特率要保持一致，否则不能通信。S7-200 支持的波特率如表 3-9 所示。

表 3-9　S7-200 支持的波特率

网　络	波特率	网　络	波特率
标准网络	9.6k～187.5k	自由口模式	1200～115.2k
使用 EM277	9.6k～12M		

② 单击“Local Connection”标签，显示 Local Connection 选项，如图 3-11 所示。通信

接口有 COM1 和 USB 两种，分别连接 RS-232/PPI 多主站电缆和 USB/PPI 多主站电缆。调制解调器连接，用于远距离通信。

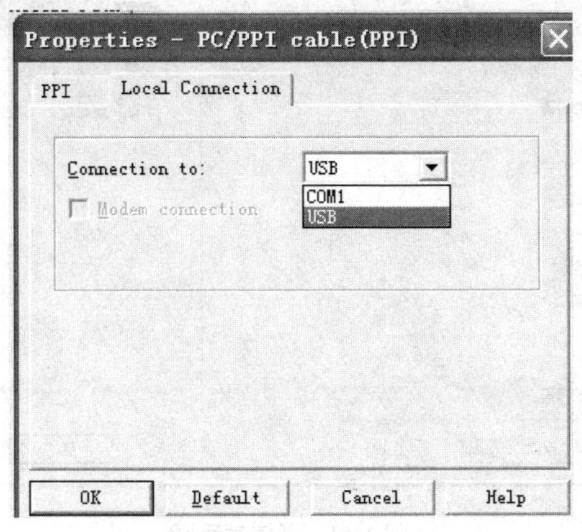

图 3-11　Local Connection 选项

3．S7-200 通信参数设置

S7-200 的波特率和站地址存储在系统块中，在 STEP 7-Micro/WIN 的菜单栏中单击“查看\组件\系统块”，显示如图 3-12 所示。选择站地址 2 的 PLC，波特率设为 9.6kbps。

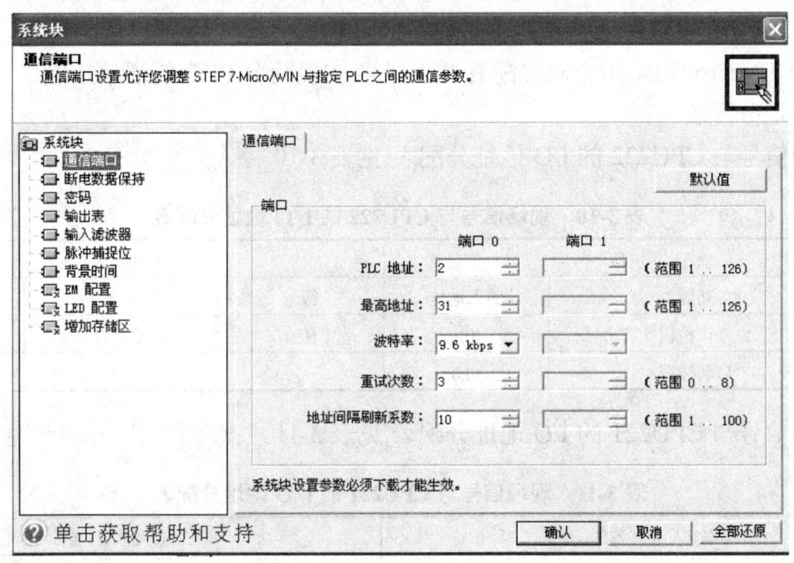

图 3-12　系统块对话框

参数设置后，必须将系统块下载到指定的 PLC 中。下载前，先选择要下载的 PLC 站地址，单击“通信”图标，弹出通信对话框，如图 3-13 所示。在通信对话框中选择远程 PLC 站地址为 2，也可直接单击右侧要通信的 2 号 PLC，按照 STEP 7-Micro/WIN 操作要求，进行下载。

对于多主站 PPI 网络，既要选择 STEP 7-Micro/WIN 的 PPI 协议，还应激活多主网络并选中 PPI 高级选框（如果使用 PPI 多主站电缆，那么多主网络和 PPI 高级选框可以忽略）。

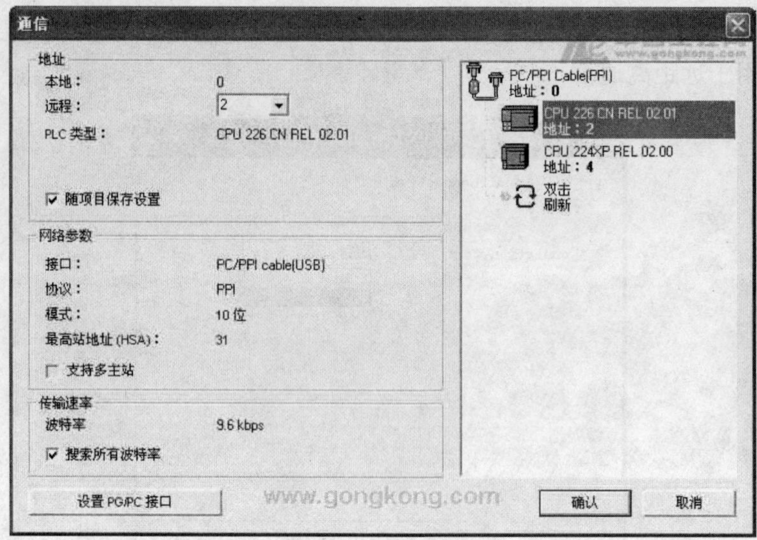

图 3-13 通信对话框

【相关案例】

有 CPU222 与 CPU221 组成的 PPI 网络， CPU222 为主站，要求实现以下控制要求：

① CPU222 能控制远程 CPU221 输出点 Q0.0 的运行和停止，并通过 Q0.0 显示

② CPU221 能够控制本机输出点 Q0.0 的启动和停止。

用 STEP 7-Micro/WIN 指令向导配置 PPI 网络,实现两台 PLC 的通信控制。

1. I/O 地址分配表

① 现场信号与 CPU222 的 I/O 地址分配表,见表 3-10。

表 3-10 现场信号与 CPU222 的 I/O 地址分配表

输入设备			输出设备		
符号	功能	输入地址	符号	功能	输出地址
SB1	停止按钮	I0.1	HL1	信号灯	Q0.0
SB2	启动按钮	I0.0			

② 现场信号与 CPU221 的 I/O 地址分配表,见表 3-11。

表 3-11 现场信号与 CPU221 的 I/O 地址分配表

输入设备			输出设备		
符号	功能	输入地址	符号	功能	输出地址
SB1	停止按钮	I0.1	KM1	接触器	Q0.0
SB2	启动按钮	I0.0			

2．PLC 控制电路

根据 I/O 地址分配表和 PPI 网络连接要求，绘制 CPU222 与 CPU221 的控制电路，如图 3-14 所示。

3．配置主站 CPU222

① 打开 STEP 7-Micro/WIN，新建项目，单击工具\指令向导”，选择 NETR/NETW，如

图 3-15 所示。

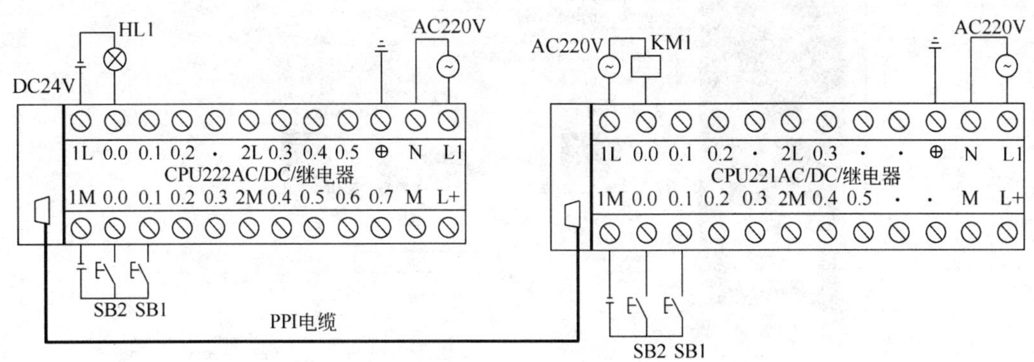

图 3-14　CPU222 与 CPU221 组成 PPI 接线图

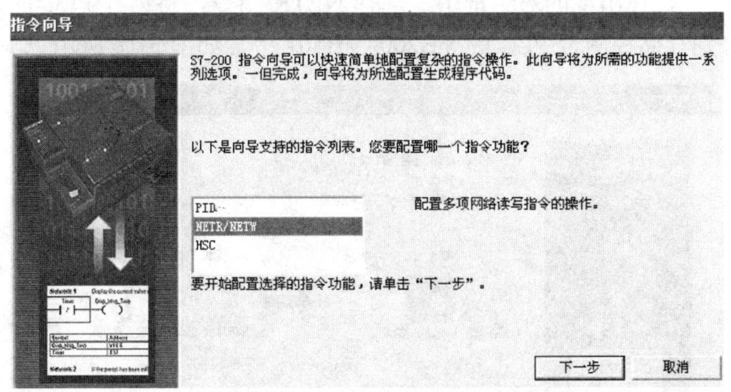

图 3-15　指令向导选择

② 单击下一步，在出现的对话框中，配置多少项网络读/写操作：2。

③ 单击下一步，在出现的对话框中，端口：0，子程序名：远程控制，如图 3-16 所示。

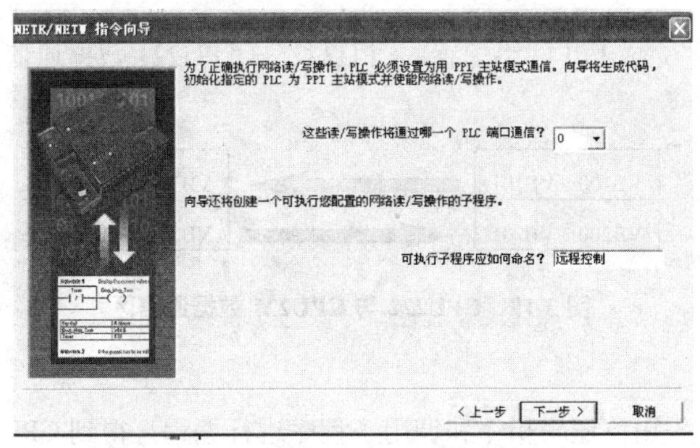

图 3-16　通信口的选择和子程序的命名

④ 单击下一步，在出现的对话框中，选择 NETW 指令，将 2B 数据写入远程 PLC，远程 PLC 地址：3，站地址不能与网络上其他 PLC 站地址重复；数据分别存储在两台 PLC 的 VB100~VB101 中，如图 3-17 所示。

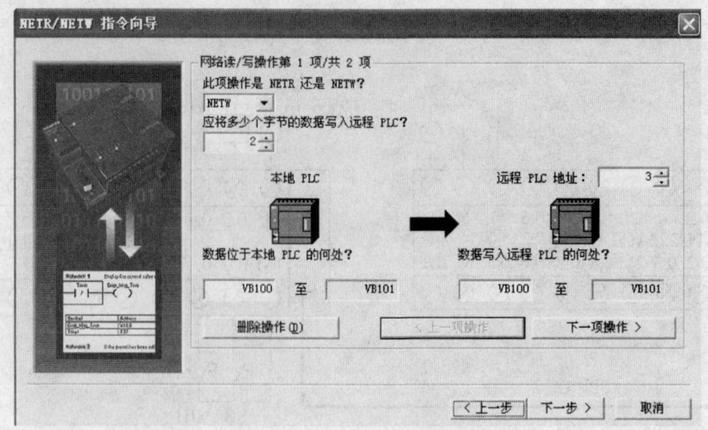

图 3-17 **NETW 指令配置**

⑤ 单击下一步，在出现的对话框中，选择 NETR 指令，将远程 PLC 的 2B 数据读入本地 PLC，数据分别存储在两台 PLC 的 VB200~VB201 中，如图 3-18 所示。

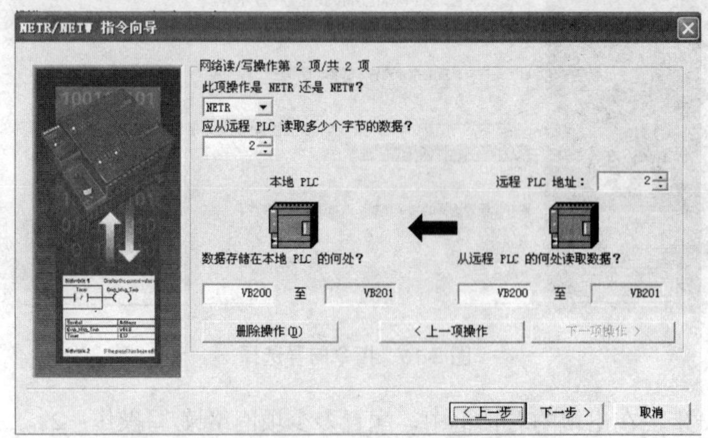

图 3-18 **NETR 指令配置**

⑥ 单击下一步，完成 PPI 网络配置。CPU222 与 CPU221 数据通信区如图 3-19 所示。

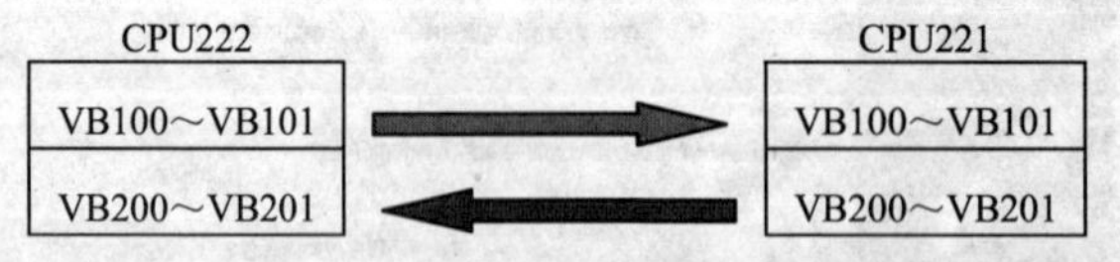

图 3-19 **CPU222 与 CPU221 数据通信区**

4. 控制程序

根据控制要求，采用位逻辑指令和调用子程序进行编程，得到 CPU222 控制系统的梯形图如图 3-20 所示。CPU221 控制系统的梯形图如图 3-21 所示。

5. 设置通信端口

选择系统块\通信端口，分别对 CPU222 和 CPU221 进行通信设置，波特率：9.6 kbps。其中 CPU222 站地址：2，CPU221 站地址：3，如图 3-22 所示。

为了保证网络正常工作，要保证两台 PLC 的波特率一致，站地址不能相同。

网络1
SM0.0 远程控制 EN
10 Timeout Cycle M10.0
Error M10.1

网络2
SM0.0 I0.0 V100.0
I0.1 V100.1
V200.0 Q0.3

图 3-20　CPU222 梯形图程序

网络1
I0.0 I0.1 V100.1 Q0.0
V100.0 V200.0
Q0.0

图 3-21　CPU221 梯形图程序

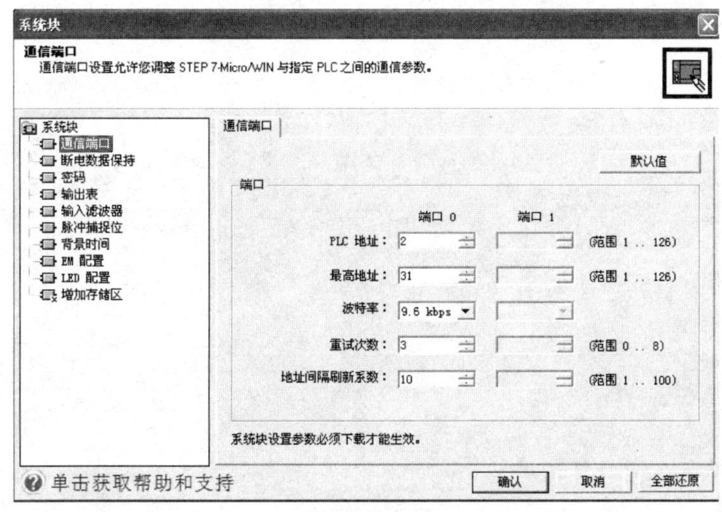

图 3-22　CPU222 的通信端口参数设置

6．运行监控

按照控制要求运行和监控控制系统，观察运行情况。

一、任务实施

参考相关案例，使用 STEP 7-Micro/WIN 编程软件，完成灌装生产线电气控制系统程序编辑、网络设置、下载和监控任务。完成情况填入表 3-12 中。

表 3-12　灌装生产线电气控制系统调试报告单

步序	工作流程	完成情况	
1	S7-200 与 PC 连接	出现问题：	完成时间：
2	建立项目	出现问题：	完成时间：
3	编写程序	出现问题：	完成时间：

续表

步序	工作流程	完 成 情 况	
4	编译和下载程序	出现问题:	完成时间:
5	主从站网络通信	出现问题:	完成时间:
6	运行监控	出现问题:	完成时间:

二、考核评价

1．结果分析

按照控制要求，进行网络通信、模拟控制和空载运行，记录运行结果，分析控制程序是否满足要求。

2．总体评价

工作结束后，对任务实施过程进行总结评价。

学习情境四

机械手的电气设计、安装和调试

【情境描述】 自动传送系统的工作示意如图 4-1 所示，它由机械手和送料车两部分构成。机械手的工作是将工件从 A 点移送到停留在 B 点的送料车上；送料车的工作是将放在小车上的工件从 B 点送到 C 点。

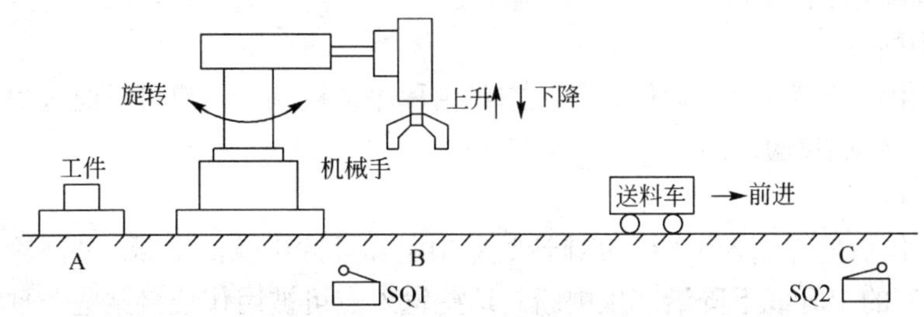

图 4-1　自动传送系统工作示意图

（1）自动传送系统的控制要求

机械手由步进电机通过 40∶1 的行星减速机带动进行左、右方向的旋转，机械手的上升、下降以及机械手对工件的夹紧、松开是由两位电磁阀驱动汽缸完成。

① 机械手的工作动作过程：机械手原点在 A 点的左上方，按照下降→夹紧→上升→右向旋转 180°→下降→松开→上升→左向旋转 180°→返回原点的顺序依次进行。

② 送料车的起点在 B 处，它的工作是将放在小车上的工件从 B 点送到 C 点，经过 10s 卸料后，小车自动返回。

（2）学习过程中需要完成的工作任务

① 按照控制要求，绘制控制电路图，运用 S7-200 功能指令，进行步进电机控制设计。

② 根据电工工艺要求和 S7-200 安装接线要求，按照电路图，对控制系统进行正确的安装、布线和连接。

③ 使用编程软件完成程序的录入、编译和下载，并对控制系统进行在线的调试和监控。

任务一　机械手电气控制系统设计

根据如图 4-1 所示的机械手工作示意图和控制要求，编写机械手电气控制系统的 I/O 地址分配表，绘制控制电路图，设计控制程序。

一、S7-200 中断指令

中断是计算机在实时处理和实时控制中不可缺少的一项技术。所谓中断，是当控制系统执行正常程序时，系统中出现了某些急需处理的异常情况或特殊请求。这时系统暂时中断现行程序，转去对随机发生的更紧迫事件进行处理（执行中断服务程序），当该事件处理完毕后，系统自动回到原来被中断的程序继续执行。

中断事件的发生具有随机性，中断在 PLC 应用系统中的人机联系、实时处理、通信处理和网络连接应用中十分重要。

（一）中断优先级

中断源是能够向 PLC 发出中断请求的中断事件。S7-200 最多有 34 个中断源。每个中断源都分配一个编号用于识别，称为中断事件号。这些中断源大致分为三大类：通信中断；输入、输出中断和时间中断。

1．通信中断

PLC 的自由通信模式下，通信口的状态可由程序来控制。用户可以通过编程来设置通信协议、波特率和奇偶校验。

2．I / O 中断

I / O 中断包括外部输入中断、高速计数器中断和脉冲串输出中断。外部输入中断是系统利用 I0.0～I0.3 的上升或下降沿产生中断。这些输入点可被用作连接某些一旦发生必须引起注意的外部事件；高速计数器中断可以响应当前值等于预设值、计数方向的改变、计数器外部复位等事件所引起的中断；脉冲串输出中断可以用来响应给定数量的脉冲输出完成所引起的中断。

3．时间中断

时间中断包括定时中断和定时器中断。

① 定时中断可用来支持一个周期性的活动。周期时间以 1ms 为单位，周期设定时间可以为 1～255 ms。对于定时中断 0，把周期时间值写入 SMB34；对定时中断 1，把周期时间写入 SMB35。每当达到定时时间值，相关定时器溢出，执行中断处理。定时中断可以用来以固定的时间间隔作为采样周期，对模拟量输入进行采样，也可以用来执行一个 PID 控制回路。

② 定时器中断，就是利用定时器来对一个指定的时间段产生中断。这类中断只能使用 1ms 通电和断电延时定时器 T32 和 T96。当所用的当前值等于预设值时，在主机正常的定时刷新中，执行中断程序。

4．中断优先级

在 PLC 应用系统中通常有多个中断源。当多个中断源同时向 CPU 申请中断时，要求 CPU 能将全部中断源按中断性质和处理的轻重缓急进行排队，并给予优先权。指定中断源处理的次序就是给中断源确定中断优先级。

S7-200 规定的中断优先级由高到低依次是：通信中断；输入、输出中断；定时中断。每类中断的不同中断事件又有不同的优先权。中断时间优先级顺序如表 4-1 所示。

5．CPU 响应中断的顺序

PLC 中，CPU 响应中断的顺序可以分以下三种情况。

表 4-1 中断时间优先级顺序

事件号	中断描述	优先级	同级的优先权
8	端口 0：接收字符	通信(最高)	0
9	端口 0：发送完成		0
23	端口 0：接收信息完成		0
24	端口 1：接收信息完成		1
25	端口 1：接收字符		1
26	端口 1：发送完成		1
19	PTO 0 完成中断	I / O(中等)	0
20	PTO 1 完成中断		1
0	上升沿，I0.0		2
2	上升沿，I0.1		3
4	上升沿，I0.2		4
6	上升沿，I0.3		5
1	下降沿，I0.0		6
3	下降沿，I0.1		7
5	下降沿，I0.2		8
7	下降沿，I0.3		9
12	HSC0 CV=PV(当前值=设定值)		10
27	HSC0 输入方向改变		11
28	HSC0 外部复位		12
13	HSC1 CV=PV(当前值=设定值)		13
14	HSC1 输入方向改变		14
15	HSC1 外部复位		15
16	HSC2 CV=PV		16
17	HSC2 输入方向改变		17
18	HSC2 外部复位		18
32	HSC3 CV=PV(当前值=设定值)		19
29	HSC4 CV=PV(当前值=设定值)		20
30	HSC4 输入方向改变		21
31	HSC4 外部复位		22
33	HSC5 CV=PV(当前值=设定值)		23
10	定时中断 0	定时(低)	0
11	定时中断 1		1
21	定时器 T32 CT=PT 中断		2
22	定时器 T96 CT=PT 中断		3

① 当不同的优先级的中断源同时申请中断时，CPU 响应中断请求的顺序为从优先级高的中断源到优先级低的中断源。

② 当相同优先级的中断源申请中断时，CPU 按先来先服务的原则响应中断请求。

③ 当 CPU 正在处理某中断，又有中断源提出中断请求时，新出现的中断请求按优先级排队等候处理，当前中断服务程序不会被其他甚至更高优先级的中断程序打断。任何时刻 CPU 只执行一个中断程序。

（二）中断指令

1．中断控制

经过中断判优后，将优先级最高的中断请求送给 CPU，CPU 响应中断后自动保存逻辑堆栈、累加器和某些特殊标志寄存器位，即保护现场。中断处理完成后，又自动恢复这些单元保存起来的数据，即恢复现场。

2．中断指令

中断控制指令有 4 条，其指令格式见表 4-2。

表 4-2 中断类指令的指令格式

LAD	STL	功能描述
——(ENI)	ENI	开中断指令，使能输入有效时，全局地允许所有中断事件中断
——(DISI)	DISI	关中断指令，使能输入有效时，全局地关闭所有被连接的中断事件
ATCH：EN ENO；????-INT；????-EVNT	ATCH INT EVNT	中断连接指令，使能输入有效时，把一个中断事件和一个中断程序联系起来，并允许这一中断事件
DTCH：EN ENO；????-EVNT	DTCH EVNT	中断分离指令，使能输入有效时，切断一个中断事件和所有中断程序的联系，并禁止该中断事件

说明如下。

① 当进入正常运行 RUN 模式时，CPU 禁止所有中断，但可以在 RUN 模式下执行开中断指令 ENI，允许所有中断。

② 多个中断事件可以调用一个中断程序，但一个中断事件不能同时连接调用多个中断程序。

③ 中断分离指令 DTCH 禁止中断事件和中断程序之间的联系，它仅禁止某中断事件；关中断指令 DISI，禁止所有中断。

④ INT 中断程序号 0～127(为常数)，EVNT 中断事件号 0~32(为常数)。

中断程序亦称中断服务程序，是用户为处理中断事件而事先编制的程序，编程时可以用中断程序入口处的中断程序号来识别每一个中断程序。中断服务程序由中断程序号开始，以无条件返回指令结束。在中断程序中，用户可根据前面逻辑条件使用条件返回指令，返回主程序。PLC 系统中的中断指令与微机原理中的中断不同，它不允许嵌套。

⑤ 中断服务程序中禁止使用以下指令：DISI、ENI、CALL、HDEF、FOR / NEXT、LSCR、SCRE、SCRT、END。

应用举例：编写中断事件 0 的初始化程序。主程序及中断子程序如图 4-2 所示。

二、子程序

子程序在结构化程序设计中是一种方便有效的工具。通常将具有特定功能、并且多次使用的程序段作为子程序。子程序可以多次被调用，也可以嵌套（最多 8 层），还可以递归调用(自己调用自己)。S7-200 中与子程序有关的操作有：建立子程序、子程序的调用和返回。

（一）建立子程序

在编程软件菜单栏，单击编辑\插入\子程序，建立或插入一个新的子程序，同时，在指令树窗口可以看到新建的子程序图标，默认的程序名是 SBR_N，编号 N 从 0 开始按递增顺序生成；也可右键单击子程序标签 SBR_0，通过显示的菜单直接创建、重命名和删除子程序，如图 4-3 所示。在指令树窗口双击调用子程序下的 SBR_0 图标，就可以进入子程序进行编辑；左键按住 SBR_0 拖拽到主程序，就可以被主程序调用。

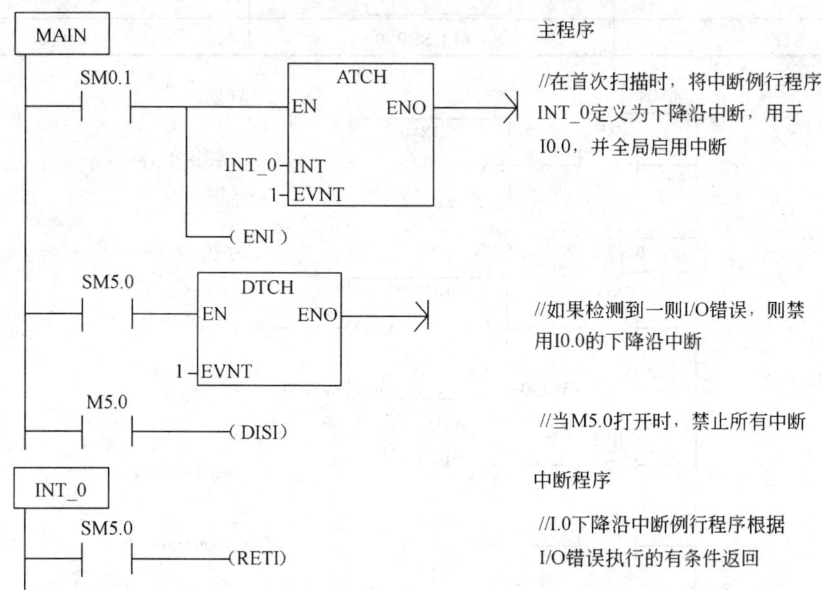

图 4-2 中断程序示例

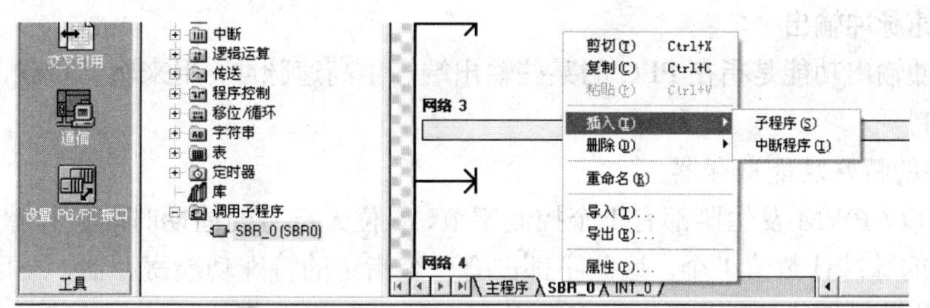

图 4-3 创建子程序窗口

（二）子程序调用和返回

1．子程序调用指令 CALL

在使能输入有效时，主程序把程序控制权交给子程序。子程序的调用可以带参数，也可以不带参数，它在梯形图中以指令盒的形式编程。指令格式见表 4-3。

2．子程序条件返回指令 RET

在使能输入有效时，结束子程序的执行，返回主程序中（此子程序调用的下一条指令）。梯形图中以线圈的形式编程，指令不带参数。指令格式见表 4-3。

说明：RET 多用于子程序的内部，由判断条件决定是否结束子程序调用，RET 用于子程序的结束。用 Micro\WIN 编程时，编程人员不需要手工输入 RET 指令，而由软件自动加在每个子程序结尾。

应用举例：编写调用子程序示例。子程序调用指令应用程序如图 4-4 所示。

表 4-3 子程序调用指令格式

指令形式	子程序调用指令	子程序条件返回指令
LAD	SBR_0（EN）	—(RET)
STL	CALL SBR_0	CRET

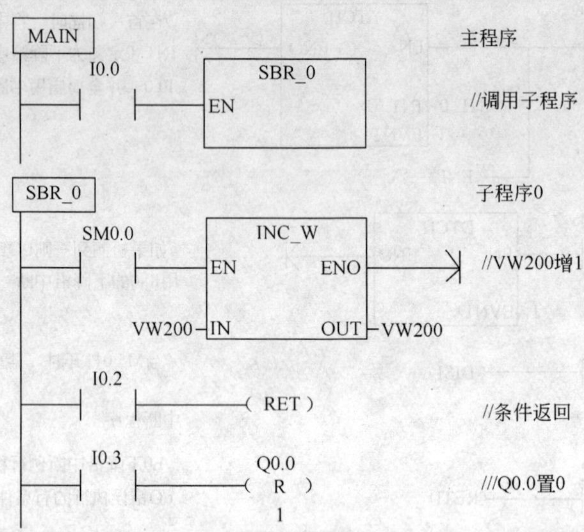

图 4-4 调用子程序示例

三、高速脉冲输出

高速脉冲输出功能是指在 PLC 的某些输出端产生高速脉冲，用来驱动负载，实现高速输出和精确控制。

1．相关的特殊功能寄存器

每个 PTO / PWM 发生器都有 1 个控制字节、16 位无符号的周期时间值和脉宽值各 1 个、32 位无符号的脉冲计数值 1 个。这些字都占有一个指定的特殊功能寄存器，一旦这些特殊功能寄存器的值被设置成所需操作，可通过执行脉冲指令 PLS 来执行这些功能。见表 4-4。

表 4-4 PTO/PWM 控制寄存器的 SM 标志

Q0.0	Q0.1	功 能 说 明	SM 功能
SM66.4	SM76.4	PTO 包络由于增量计算错误而终止：0=无错误；1=终止	状态字节
SM66.5	SM76.5	PTO 包络由于用户命令而终止：0=无错误；1=终止	
SM66.6	SM76.6	PTO 管线上溢/下溢：0=无溢出；1=上溢/下溢	
SM66.7	SM76.7	PTO 空闲：0=执行中；1=PTO 空闲	
SM67.0	SM77.0	PTO / PWM 更新周期值：0=不更新；1=更新周期值	控制字节
SM67.1	SM77.1	PWM 更新脉冲宽度值：0=不更新；1=脉冲宽度值	
SM67.2	SM77.2	PTO 更新脉冲数：0=不更新；1=更新脉冲数	
SM67.3	SM77.3	PTO / PWM 时间基准选择：0=1μs / 时基；1=1ms / 时基	
SM67.4	SM77.4	PWM 更新方法：0=异步更新；1=同步更新	
SM67.5	SM77.5	PTO 操作：0=单段操作；1=多段操作	
SM67.6	SM77.6	PTO / PWM 模式选择：0=选择 PTO；1=选择 PWM	
SM67.7	SM77.7	PTO/PWM 允许：0=禁止；1=允许	

续表

Q0.0	Q0.1	功能说明	SM 功能
SMW68	SMW78	PTO / PWM 周期值（范围：2～65535）	
SMW70	SMW80	PWM 脉冲宽度值（范围：0～65535）	
SMD72	SMD82	PTO 脉冲计数值（范围：1～4294967295）	其他相关 SM
SMB166	SMB176	进行中的段数（仅用在多段 PTO 操作中）	
SMW168	SMW178	包络表的起始位置，用从 V0 开始的字节偏移表示（仅用在多段 PTO 操作中）	

2．高速脉冲输出指令

脉冲输出指令可以输出两种类型的方波信号，在精确位置控制中有很重要的应用。其指令格式见表 4-5。

表 4-5　脉冲输出指令的格式

LAD	STL	功能描述
PLS EN　ENO ????-Q0.X	PLS Q	脉冲输出指令，当使能端输入有效时，检测用程序设置的特殊功能寄存器位，激活由控制位定义的脉冲操作。从 Q0.0 或 Q0.1 输出高速脉冲

说明如下。

① 高速脉冲串输出 PTO 和宽度可调脉冲输出 PWM 都由 PLS 指令来激活输出。

② 操作数 Q 为字型常数 0 或 1。

③ 高速脉冲串输出 PTO 可采用中断方式进行控制，而宽度可调脉冲输出 PWM 只能由指令 PLS 来激活。

3．高速脉冲输出应用

应用举例：编写脉冲输出初始化子程序。图 4-5 所示是脉冲输出初始化子程序。

将 Q0.1 定义为：宽度可调脉冲输出 PWM 形式，根据要求控制字节(SMB77)=16#DB，设定周期为 10000ms，脉冲宽度为 1000ms，通过 Q0.1 输出。

【相关案例】

步进电机驱动的输送带采用 PLC 控制，通过 PLC 给步进电机驱动器发出的脉冲信号和控制信号，实现步进电机的变速运行，通过编码器反馈给 PLC 的脉冲信号确定步进电机的移动位置，工作过程如下：

① 启动步进电机正转前进，由位置 0 到位置 1（编码器反馈 1000 个脉冲）；

② 步进电机由位置 1 反转后退到达位置 2（编码器反馈 500 个脉冲）；

③ 步进电机由位置 2 正转前进到达位置 3（编码器反馈 1500 个脉冲 ）；

④ 步进电机由位置 3 反转后退到位置 0（编码器反馈 2000 个脉冲）。

如此循环。电气控制系统硬件电路接线图如图 4-6 所示。

1．设计思路

用 PLC 控制步进电机的正反转，高速计数器(HSC)通过编码器的反馈脉冲数，检测步进电机的位置，控制电机的运行。

① 初始化设置，高速计数器(HSC)对来自编码器的反馈脉冲计数，计数当前值（CV）与设定值（PV）的比较结果相等时，进入相应中断程序，改变电机转向和 HSC 计数方向。高速计数器的计数过程如图 4-7 所示。

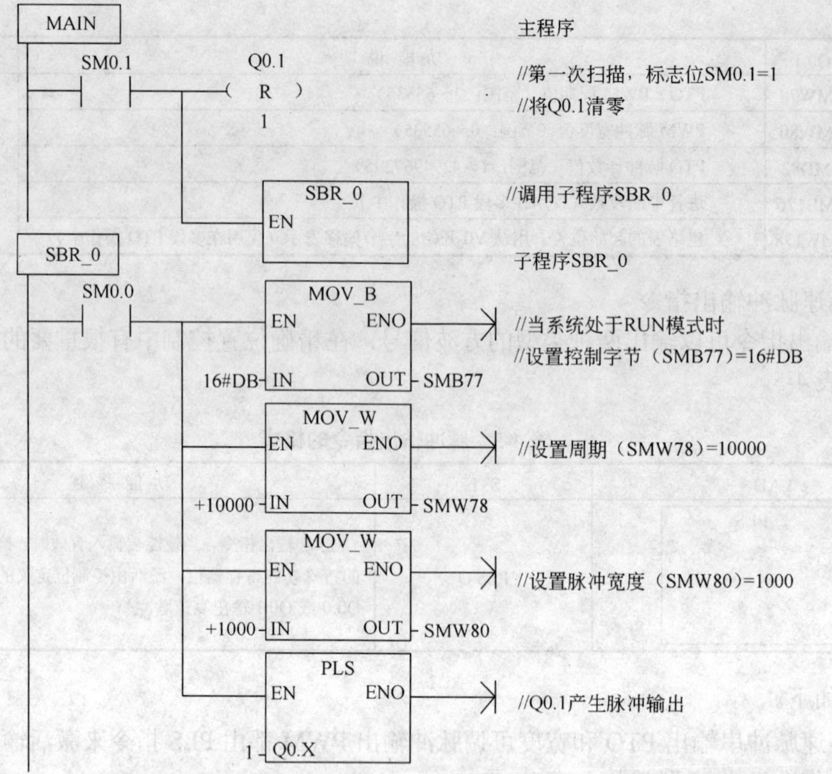

图 4-5 PWM 控制程序

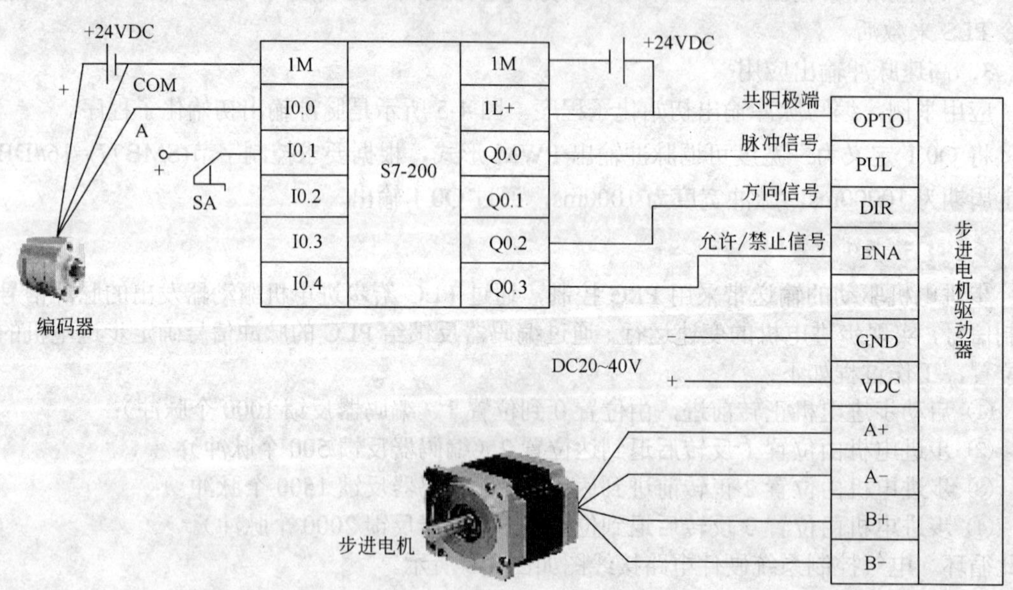

图 4-6 系统硬件电路示意图

② 主程序在 I0.1 上升沿时，进行初始化设置，进行由位置 0 到位置 1 的设置。子程序 0（SBR_0）设置 HSC 的运行方式并启动 HSC，电机正转前进，设置 HSC0 由位置 0 到位置 1 应计数的脉冲个数（PV=1000）。子程序 1（SBR_1）设置中断，将中断程序 0 与中断事件 12 建立连接，开中断并启动 HSC0。

2．程序设计

程序分析如下。

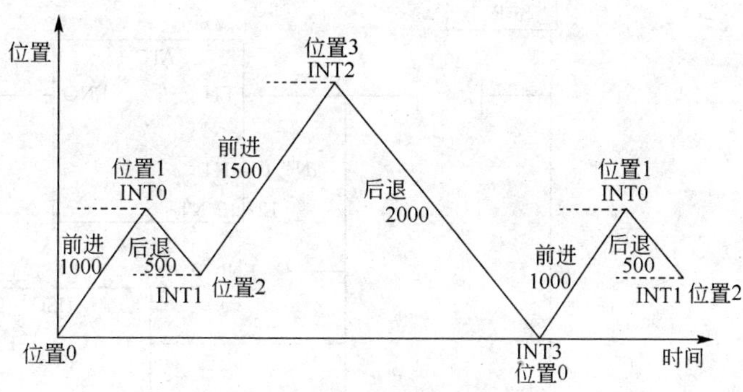

图 4-7 控制要求及计数过程

① 电机正转前进到位置 1→中断事件 12 发生→执行中断程序 0（INT_0）→中断程序 0 进行由位置 1 到位置 2 的设置。HSC0 应减计数 500 个脉冲（PV=1000–500=500），更改计数方向为减计数，电机反转后退。

② 电机反转后退到位置 2→中断事件 12 发生→执行中断程序 1（INT_1）→中断程序 1 进行由位置 2 到位置 3 的设置。HSC0 应增计数 1500 个脉冲（PV=500+1500=2000），更改计数方向为增计数，电机正转前进。

③ 电机正转前进到位置 3→中断事件 12 发生→执行中断程序 2（INT_2）→中断程序 2 进行由位置 3 到位置 0 的设置。HSC0 应减计数 2000 个脉冲（PV=2000–2000=0），更改计数方向为减计数，电机反转后退。

④ 电机反转后退到位置 0→一个循环结束→中断事件 12 发生→执行中断程序 3（INT_3）。中断程序 3 为下一次循环运行对 HSC 重新设置，电机正转前进。

控制系统梯形图程序如图 4-8 所示。

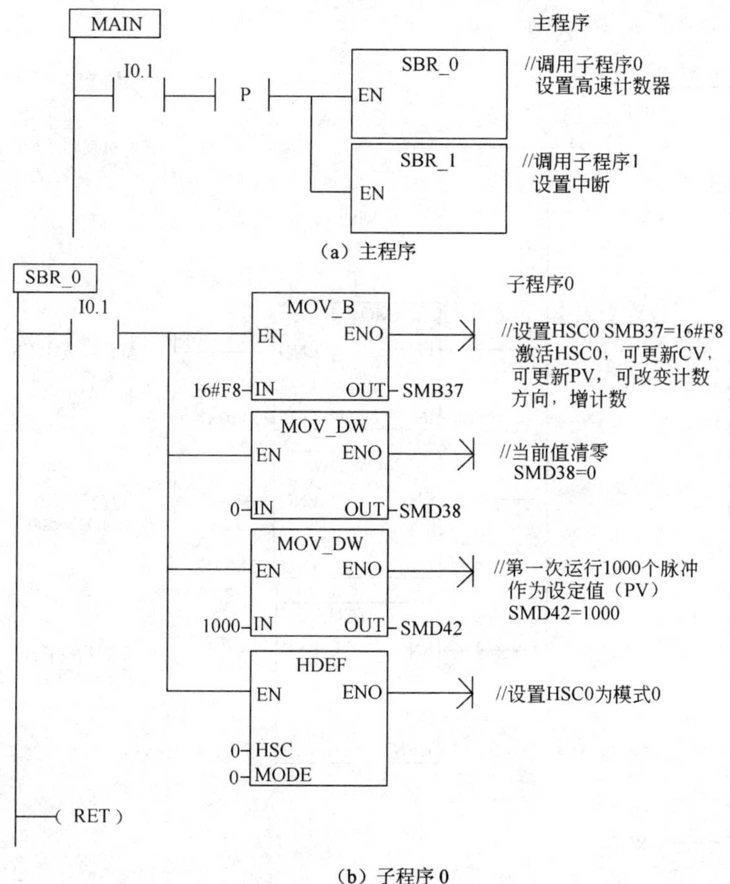

（b）子程序 0

图 4-8

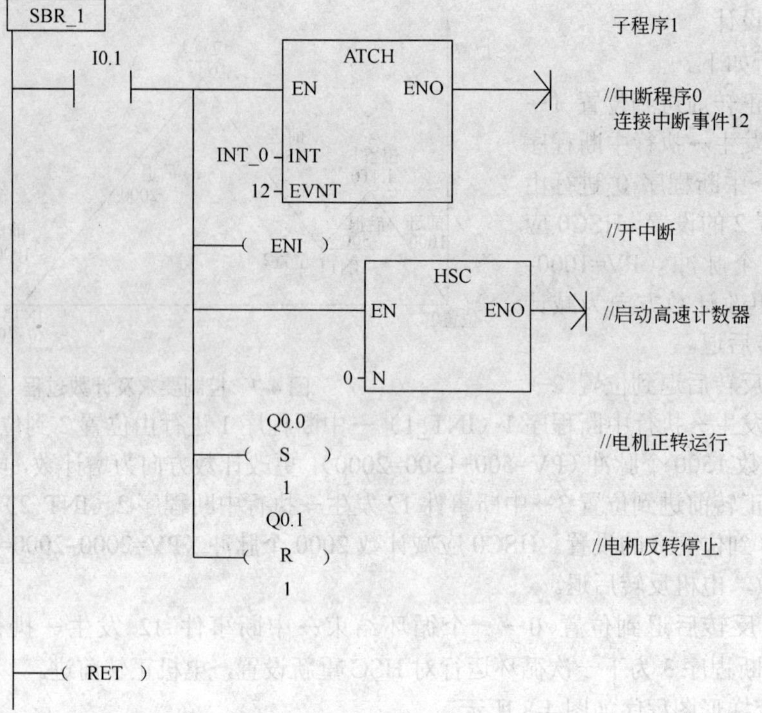

（c）子程序1

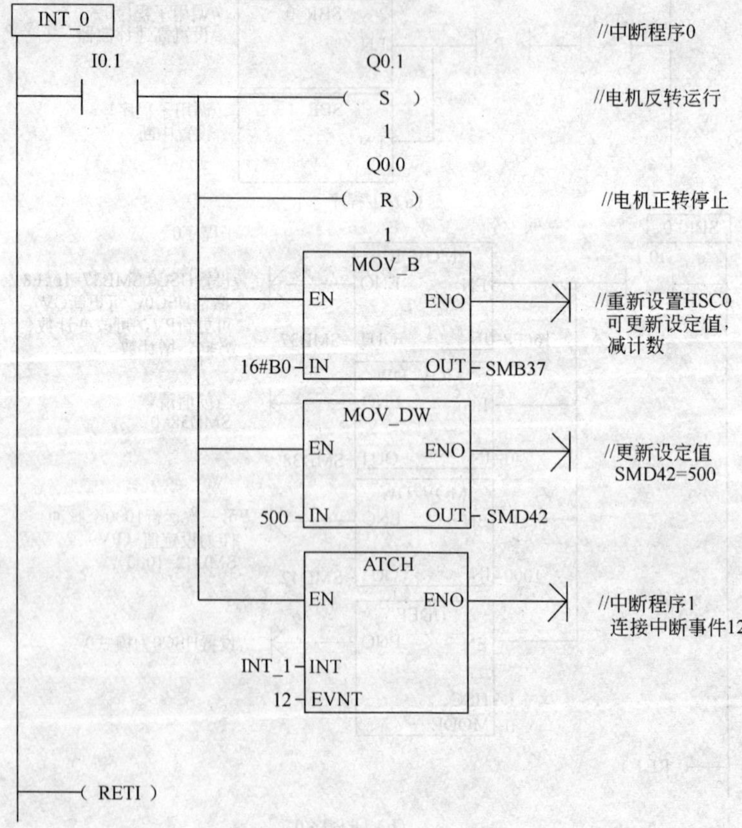

（d）中断程序0

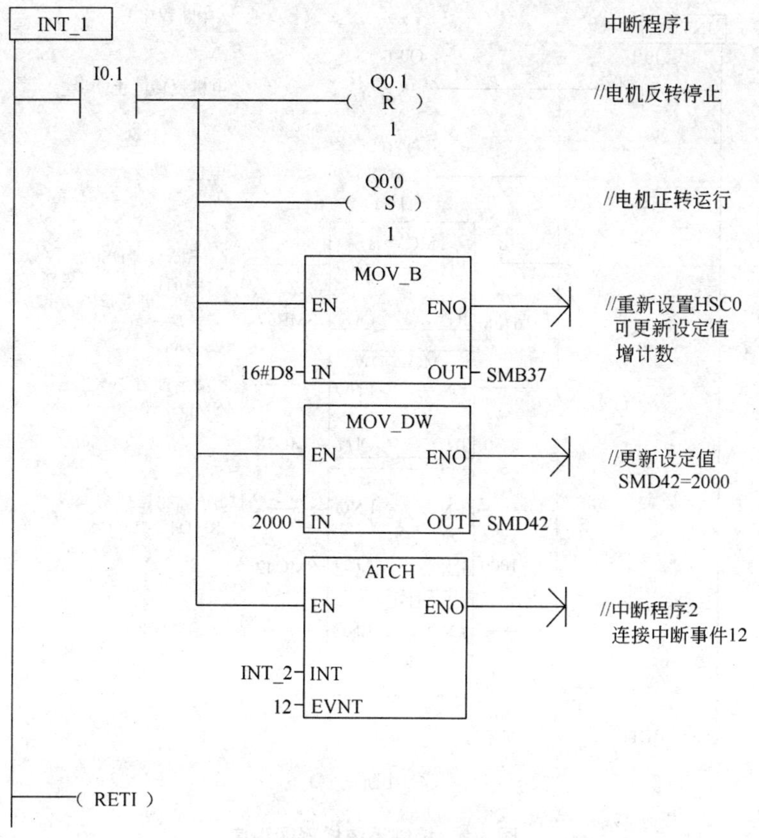

（e）中断程序 1

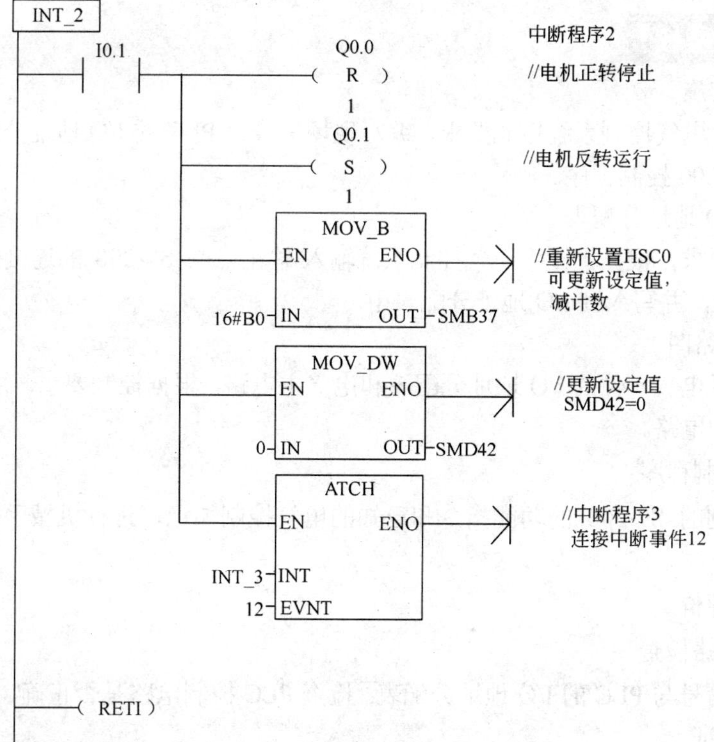

（f）中断程序 2

图 4-8

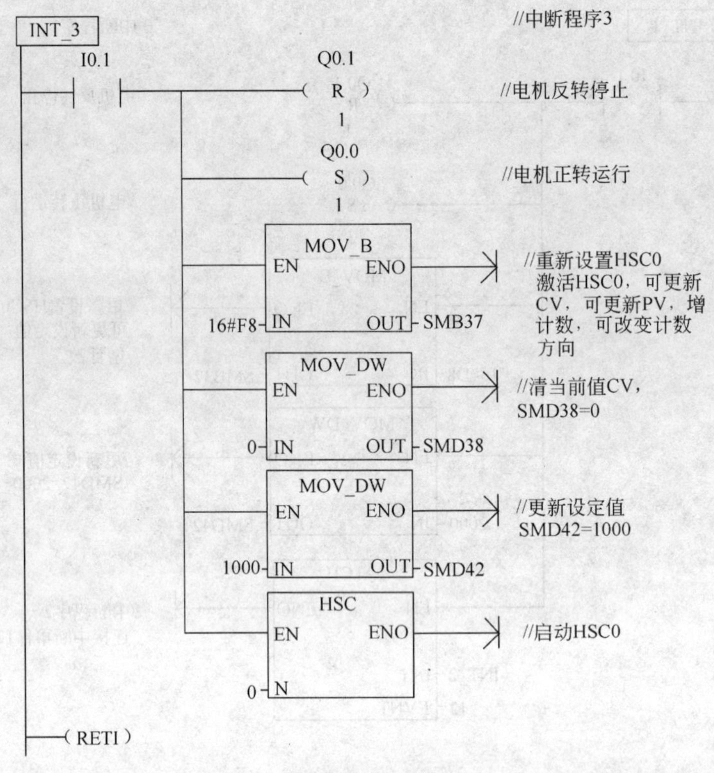

（g）中断程序 3

图 4-8 控制系统梯形图程序

【实施与考核】

一、任务实施

分析机械手电气控制系统控制要求，编写现场信号与 PLC 的 I/O 地址分配表，绘制控制电路，设计 S7-200 控制程序。

1．编写 I/O 地址分配表

分析工作要求，根据机械手电气控制系统输入/输出点与 S7-200 的连接位置，确定各个元件的 I/O 地址，并写入到 I/O 地址分配表中。

2．绘制电路图

参照机械手电气元件的 I/O 地址分配表和电气主电路，根据控制要求，绘制 S7-200 控制电路和相关保护电路。

3．设计控制程序

根据所学到的 S7-200 的功能指令和已知的电气控制知识，进行机械手电气控制系统的编程。

二、考核评价

1．控制电路检查

参照现场信号与 PLC 的 I/O 地址分配表，检查 PLC 控制电路是否正确，保护是否完善。

2．程序验证

按照控制要求，绘制控制系统时序图。结合时序图，按照工作过程分析程序，说明控制程序是否满足控制要求。

3．总体评价

工作结束后，对任务实施过程进行总结评价。

任务二 机械手电气控制系统安装

【任务描述】

根据电工工艺安装标准和 S7-200 安装接线要求，按照机械手电气控制系统的控制电路，对机械手电气控制系统进行电气元件检查、固定元件、安装配线和线路检测等工作。

【知识链接】

一、高速脉冲输出端子的连接

1．高速脉冲的输出形式

S7-200 高速脉冲输出有高速脉冲串输出 PTO 和宽度可调脉冲输出 PWM 两种形式。

① PTO 主要是用来输出指定数量的方波(占空比 50%)，用户可以控制方波的周期和脉冲数。

高速脉冲串的周期以μs 或 ms 为单位，它是一个 16 位无符号数据，周期变化范围 50～65535μs 或 2～65535 ms，编程时周期值一般设置成偶数。脉冲串的个数，用双字长无符号数表示，脉冲数取值范围是 1～4294967295 之间。

② PWM 主要是用来输出占空比可调的高速脉冲串，用户可以控制脉冲的周期和脉冲宽度。

宽度可调脉冲输出 PWM 的周期或脉冲宽度以μs 或 ms 为单位，是一个 16 位无符号数据，周期变化范围同高速脉冲串输出 PTO。

2．输出端子的连接

每个 CPU 有两个 PTO / PWM 发生器产生高速脉冲串和脉冲宽度可调的波形，一个发生器分配在数字输出端 Q0.0，另一个分配在 Q0.1。

PTO / PWM 发生器和输出映像寄存器共同使用 Q0.0 和 Q0.1，当 Q0.0 或 Q0.1 设定为 PTO 或 PWM 功能时，PTO / PWM 发生器控制输出，在输出点禁止使用通用功能。输出映像寄存器的状态、强制输出、立即输出等指令的执行都不影响输出波形，当不使用 PTO / PWM 发生器时，输出点恢复为原通用功能状态，输出点的波形由输出映像寄存器来控制。

二、步进电机的安装

1．步进电机种类

步进电机分三种：永磁式（PM）、反应式（VR）和混合式（HB）。永磁式步进电机一般为两相，转矩和体积较小；反应式步进电机一般为三相，可实现大转矩输出，但噪声和振动都很大；混合式步进电机是指混合了永磁式和反应式的优点，它分为两相和五相，这种步进电机的应用最为广泛，如图 4-9 所示。

2．步进电机驱动器

步进电机驱动器是一种能使步进电机运转的功率放大器，能把 PLC 等控制器发来的脉冲信号转化为步进电机的角位移，如图 4-10 所示。

图 4-9　两相混合型步进电机

图 4-10　步进电机驱动器

通过步进电机驱动器上的拨码开关或驱动器软件可设定步进电机驱动器参数，包括细分精度、动态电流、静止电流以及实现电机参数和内部调节参数的自整定。

3．S7-200 与步进电机驱动器的连接

S7-200 与步进电机驱动器采用共阳极接法相连，如图 4-11 所示。

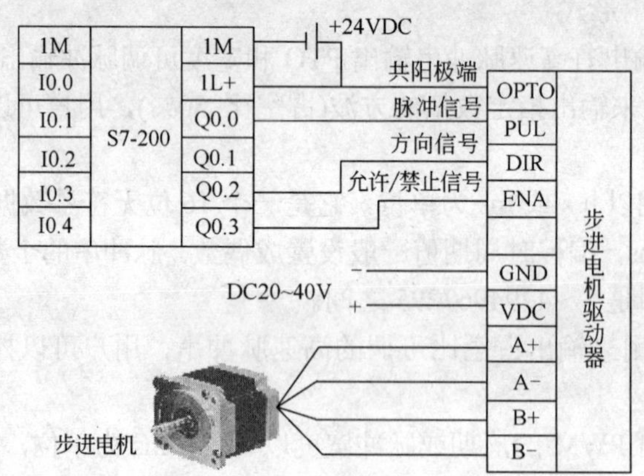

图 4-11　S7-200 与步进电机驱动器共阳极接线图

4．接线要求

① 为防止驱动器受干扰，控制信号线采用屏蔽电缆，电缆屏蔽线单端接地（上位机一端接地）。

② 脉冲和控制信号线与电机线不允许并排捆扎在一起，至少分开 10cm 以上，避免信号干扰造成步进电机工作不稳定。

③ 严禁将导线头加锡后接入接线端子，否则可能引起接触电阻变大高温而损坏接线端子。

【实施与考核】

一、任务实施

根据机械手电气控制系统主电路和控制电路图，绘制电器位置图、主电路接线图和控制电路接线图。

按照位置图和接线图的要求，参照电气安装任务实施流程，进行电气安装，完成情况填入表 4-6 中。

二、考核评价

1．安装质量检查

对已安装的电气线路，参照表 4-6 线路检测要求进行线路检查，检查结果写入表 4-6 中。

表 4-6　机械手电气控制线路安装报告单

步序	工 作 流 程	工 作 要 求	完 成 情 况
1	元件检查	电气元件的型号、数量、外观、灵活性、通断、阻值和电压	缺损元件:
2	固定元件	电气元件间距符合要求、排列整齐、牢固防振、无裂纹	完成时间:
3	配线	导线的规格和颜色选择正确、线号齐全、进线和出线合理、布线整齐、导线连接牢固、无损伤	完成时间:
4	步进电机安装	接线正确，布线合理，安装牢固	完成时间:
5	线路检测	断电下，万用表对线路通断检查、导线连接有无松动或脱落、限位开关和热继电器是否动作、线路绝缘≥0.5MΩ	检测结果:

2．总体评价

工作结束后，对任务实施过程进行总结评价。

任务三　机械手电气控制系统调试

【任务描述】

使用 STEP 7-Micro/WIN 编程软件，建立项目，编写机械手电气控制程序并下载到 S7-200 中，通过编程软件监控控制系统的运行，调试步进电机的运行状态。

【知识链接】

一、步进电机脉冲数的计算

步进电机的脉冲数计算，是 PLC 对步进电机实现控制的重要环节，计算的方法如下。

① 根据选择的步进电机型号，可知步进电机每个脉冲转过的角度ϕ。

② 确定电机旋转一周所需要的脉冲数值 Nr，则 Nr=360/ϕ。

③ 如果步进电机驱动器存在细分 Nc，则 Nr=360Nc/ϕ;

④ 根据驱动设备的半径，可知步进电机旋转一周运动的直线距离为 D（mm），则移动每毫米需要的脉冲数 Nt，有 Nt=360Nc/ϕ/D。

⑤ 若使用减速器，且减速比为 Nb，则 Nt=360NcNb/ϕ/D;

⑥ 根据 PLC 发出的脉冲频率 f，可以计算出步进电机运转速度 v（mm/s），V=f/Nt;

⑦ 各参数的含义如下：

Nc——驱动器细分数；

Nt——移动每毫米需要的脉冲数；

Nb——减速器减速比；

V——步进电机转速，mm/s;

ϕ——每个脉冲，步进电机运动的角度，(°);

D——步进电机旋转一周所运行的直线距离，mm。

应用举例：已知步进电机驱动器细分数为 10 细分，步进电机运动的角度 1.8°，步进电机旋转一周所运行的直线距离为 5mm。则有：

① 移动每毫米需要的脉冲数，Nt=360*Nc/ϕ/D=360×10/1.8/5=400 脉冲；

② 假设设定 PLC 输出给步进驱动器的脉冲频率 f=35000Hz，则步进电机速度 v= f/Nt= 35000/400 = 87.5 mm/s。

二、步进电机调试步骤

① 步进电机在安装好后要做好如下检查工作。

a. 电源电压是否合适，对于直流输入的+/–极性一定不能接错，驱动控制器上的电机型号或电流设定值是否合适。

b. 控制信号线接牢靠，工业现场最好要考虑屏蔽问题（如采用双绞线）。

c. 开始运行的半小时内要密切观察电机的状态，如运动是否正常，声音和温升情况，发现问题立即停机调整。

② 步进电机启动运行时，有时动一下就不动了或原地来回动，运行时有时还会失步，一般要考虑以下方面作检查。

a. 电机力矩是否足够大，能否带动负载。

b. 上位控制器来的输入走步脉冲的电流是否够大（一般要大于 10mA）。

c. 启动频率是否太高，在启动程序上是否设置了加速过程，最好从电机规定的启动频率内开始加速到设定频率。

d. 对于 5 相电机来说，相位接错，电机也不能工作。

三、故障排查

步进电机在工作过程中，可能出现的问题及解决方法，见表 4-7。

表 4-7 步进电机常见故障及排查

故障现象	可能原因	解决措施
电机不转	电源灯不亮	检查供电电路
	电机轴无力	脉冲信号弱，信号电流加大至 7～10mA
	细分太小	选对细分
	电流设定太小	选对电流
	驱动器已保护	重新上电
	ENB 信号为低	ENB 信号拉高或悬空
电机转向错误	电机线接错	交换同一相的两线（A+与 A–互换）
	电机线有断路	检查并接对
报警指示灯亮	电机接线错误	检查接线
	电压过高或过低	检查电压
	电机或驱动器损坏	更换电机或驱动器
位置不准	信号受干扰	排除干扰
	屏蔽未接地或未接好	可靠接地
	电机线有断路	检查并接对
	细分错误	选对细分
	电流偏小	选对电流
电机加速时堵转	加速时间短	增加加速时间
	电机扭矩太小	更换大扭矩电机
	电压低或电流小	适当提高电压或电流

【实施与考核】

一、任务实施

参考相关案例，使用 STEP 7-Micro/WIN 编程软件，完成机械手电气控制系统程序编辑、下载和监控任务。完成情况填入表 4-8 中。

表 4-8　机械手电气控制系统调试报告单

步序	工 作 流 程	完 成 情 况	
1	S7-200 与 PC 连接	出现问题：	完成时间：
2	建立项目	出现问题：	完成时间：
3	编写程序	出现问题：	完成时间：
4	编译和下载程序	出现问题：	完成时间：
5	步进电机调试	出现问题：	完成时间：
6	运行监控	出现问题：	完成时间：

二、考核评价

1．结果分析

按照控制要求，进行模拟控制、空载运行和步进电机现场调试，记录运行结果，分析控制程序是否满足要求。

2．总体评价

工作结束后，对任务实施过程进行总结评价。

附　录

附录 A　操作数寻址范围

表 A-1　操作数寻址范围

数据类型	寻址范围
BYTE	IB,QB,MB,SMB,VB,SB,LB,AC,常数,*VD,*AC,*LD
INT/WORD	IW,QW,MW,SW,SMW,T,C,VW,AIW,LW,AC,常数，*VD,*AC,*LD
DINT	ID,QD,MD,SMD,VD,SD,LD,HC,AC,常数, *VD,*AC,*LD
REAL	ID,QD,MD,SMD,VD,SD,LD,AC,常数, *VD,*AC,*LD

注：输出（OUT）操作数寻址范围不含常数项，*表示间接寻址。

附录 B　S7-200 的错误代码

一、致命错误代码和信息

致命错误会导致 CPU 停止执行用户程序。在主菜单中使用菜单命令“PLC/信息”可查看错误代码。当一个致命错误发生时，CPU 执行以下任务：

（1）进入 STOP（停止）方式

（2）点亮 SF/DIAG（红）LED 指示灯和停止 LED 指示灯

（3）断开输出

这种状态将会持续到错误清除之后。表 B-1 列出了从 S7-200 上可读到的致命错误代码及其描述。

表 B-1　致命错误代码及其描述

代码	错误描述	代码	错误描述
0000	无致命错误	000A	存储器卡失灵
0001	用户程序校验和错误	000B	存储器卡上用户程序校验和错误
0002	编译后的梯形图程序校验和错误	000C	存储卡配置参数（SDB0）校验和错误
0003	扫描看门狗超时错误	000D	存储器卡强制数据校验和错误
0004	永久存储器失效	000E	存储器卡缺省输出表值校验和错误
0005	永久存储器上用户程序校验和错误	000F	存储器卡用户数据 DB1 校验和错误
0006	永久存储器上配置参数（SDB0）校验和错误	0010	内部软件错误
0007	永久存储器上强制数据校验和错误	0011	比较接点间接寻址错误
0008	永久存储器上缺省输出表值校验和错误	0012	比较接点非法值错误
0009	永久存储器上用户数据 DB1 校验和错误	0013	程序不能被该 S7-200 理解
		0014	比较接点范围错误

二、运行程序错误

在程序的正常运行中，可能会产生非致命错误（如寻址错误）。在这种情况下，CPU 产生一个非致命运行时刻错误代码。表 B-2 列出了这些非致命错误代码及其描述。

表 B-2　运行程序错误代码

错误代码	错 误 描 述
0000	无错误
0001	执行 HDEF 之前，HSC 未允许
0002	输入中断分配冲突，已分配给 HSC
0003	到 HSC 的输入分配冲突，已分配给输入中断
0004	试图执行在中断子程序中不允许的指令
0005	第一个 HSC/PLS 未执行完之前，又企图执行同编号的第二个 HSC/PLS（中断程序中的 HSC 同主程序中的 HSC/PLS 冲突）
0006	间接寻址错误
0007	TODW（写实时时钟）或 TODR（读实时时钟）数据错误
0008	用户子程序嵌套层数超过规定
0009	在程序执行 XMT 或 RCV 时，通信口 0 又执行另一条 XMT/RCV 指令
000A	在同一 HSC 执行时，又企图用 HDEF 指令再定义该 HSC
000B	在通信口 1 上同时执行 XMT/RCV 指令
000C	时钟存储卡不存在
000D	重新定义已经使用的脉冲输出
000E	PTO 个数设为 0
000F	比较触点指令中的非法数字值
0010	在当前 PTO 操作模式中，命令未允许
0011	非法 PTO 命令代码
0012	非法 PTO 包络表
0013	非法 PID 回路参数表
0091	范围错误（带地址信息）：检查操作数范围
0092	某条指令的计数域错误（带计数信息）：确认最大计数范围
0094	范围错误（带地址信息）：写无效存储器
009A	用户中断程序试图转换成自由口模式
009B	非法指针（字符串操作中起始位置值指定为 0）
009F	无存储卡或存储卡无响应

三、编译规则错误

当你下装一个程序时，CPU 将编译该程序。如果 CPU 发现程序违反编译规则（如非法指令），那么 CPU 就会停止下装程序，并生成一个非致命编译规则错误代码。表 B-3 列出了违反编译规则所生成的错误代码及其描述。

表 B-3　编译规则错误代码

错误代码	错 误 描 述
0080	程序太大无法编译：你必须缩短程序
0081	堆栈溢出：把一个程序段分成多个
0082	非法指令：检查指令助记符
0083	无 MEND 或主程序中有不允许的指令：加条 MEND 或删去不正确的指令
0084	保留

续表

错误代码	错 误 描 述
0085	无 FOR 指令：加条 FOR 指令或删除 NEXT 指令
0086	无 NEXT：加条 NEXT 指令，或删除 FOR 指令
0087	无标号（LBL、INT、SBR）：加上合适标号
0088	无 RET 或子程序中有不允许的指令：加条 RET 或删去不正确指令
0089	无 RETI 或中断程序中有不允许的指令：加条 RETI 或删去不正确指令
008A	保留
008B	从/向一个 SCR 段的非法跳转
008C	标号重复（LBL、INT、SBR）：重新命名标号
008D	非法标号（LBL、INT、SBR）：确保标号数在允许范围内
0090	非法参数：确认指令所允许的参数
0091	范围错误（带地址信息）：检查操作数范围
0092	指令计数域错误（带计数信息）：确认最大计数范围
0093	FOR/NEXT 嵌套层数超出范围
0095	无 LSCR 指令（装载 SCR）
0096	无 SCRE 指令（SCR 结束）或 SCRE 前面有不允许的指令
0097	用户程序包含非数字编码的和数字编码的 EV/ED 指令
0098	在运行模式进行非法编辑（试图编辑非数字编码的 EV/ED 指令）
0099	隐含程序段太多（HIDE 指令）
009B	非法指针（字符串操作中起始位置值指定为 0）
009C	超出最大指令长度
009D	SDB0 中检测到非法参数
009E	PCALL 字符串太多
009F~00FF	保留

参考文献

[1] 金沙，郑凤翼编著.轻松看懂 PLC 控制系统梯形图. 北京：中国电力出版社，2009.
[2] 郑凤翼，金沙主编.图解西门子 S7-200 系列 PLC 应用 88 例. 北京：电子工业出版社，2009.
[3] 李全利主编.PLC 运动控制技术应用设计与实践. 北京：机械工业出版社，2009.
[4] 金沙，耿惊涛主编. PLC 应用技术. 北京：中国电力出版社，2010.
[5] 李俊秀主编.电气控制与 PLC 技术. 北京：化学工业出版社，2010.